A Mundialização

Livros publicados pela Coleção FGV de Bolso

(01) *A História na América Latina – ensaio de crítica historiográfica* (2009)
de Jurandir Malerba. 146p.
Série 'História'

(02) *Os Brics e a Ordem Global* (2009)
de Andrew Hurrell, Neil MacFarlane, Rosemary Foot e Amrita Narlikar. 168p.
Série 'Entenda o Mundo'

(03) *Brasil-Estados Unidos: desencontros e afinidades* (2009)
de Monica Hirst, com ensaio analítico de Andrew Hurrell. 244p.
Série 'Entenda o Mundo'

(04) *Gringo na laje – Produção, circulação e consumo da favela turística* (2009)
de Bianca Freire-Medeiros. 164p.
Série 'Turismo'

(05) *Pensando com a Sociologia* (2009)
de João Marcelo Ehlert Maia e Luiz Fernando Almeida Pereira. 132p.
Série 'Sociedade & Cultura'

(06) *Políticas culturais no Brasil: dos anos 1930 ao século XXI* (2009)
de Lia Calabre. 144p.
Série 'Sociedade & Cultura'

(07) *Política externa e poder militar no Brasil: universos paralelos* (2009)
de João Paulo Soares Alsina Júnior. 160p.
Série 'Entenda o Mundo'

(08) *A Mundialização* (2009)
de Jean-Pierre Paulet. 164p.
Série 'Economia & Gestão'

(09) *Geopolítica da África* (2009)
de Philippe Hugon. 172p.
Série 'Entenda o Mundo'

(10) *Pequena Introdução à Filosofia* (2009)
de Françoise Raffin. 208p.
Série 'Filosofia'

(11) *Indústria Cultural – uma introdução* (2010)
de Rodrigo Duarte. 132p.
Série 'Filosofia'

(12) *Antropologia das emoções* (2010)
de Claudia Barcellos Rezende e Maria Claudia Coelho. 136p.
Série 'Sociedade & Cultura'

FGV de Bolso 8
Série Economia & Gestão

A Mundialização

Jean-Pierre Paulet
Tradução de Celina Portocarrero

Copyright © 2009 Armand Colin, La mondialisation (4ème édition)

1ª edição — 2009

Impresso no Brasil | *Printed in Brazil*

Todos os direitos reservados à EDITORA FGV. A reprodução não autorizada desta publicação, no todo ou em parte, constitui violação do copyright (Lei nº 9.610/98).

Os conceitos emitidos neste livro são de inteira responsabilidade do autor.

Este livro foi editado segundo as normas do Acordo Ortográfico da Língua Portuguesa, aprovado pelo Decreto Legislativo nº 54, de 18 de abril de 1995, e promulgado pelo Decreto nº 6.583, de 29 de setembro de 2008.

COORDENADORES DA COLEÇÃO: Marieta de Moraes Ferreira e Renato Franco
TRADUÇÃO: Celina Portocarrero
PREPARAÇÃO DE ORIGINAIS: Glaucia Amaral
REVISÃO: Andrea Bivar, Sandro Gomes. Fátima Caroni, Luciana Nogueira Duarte
DIAGRAMAÇÃO: FA Editoração
PROJETO GRÁFICO E CAPA: Dudesign

Cet ouvrage, publié dans le cadre de l'Année de la France au Brésil et du Programme d'Aide à la Publication Carlos Drummond de Andrade, bénéficie du soutien du Ministère français des Affaires Etrangères et Européennes.
« França.Br 2009 » l'Année de la France au Brésil (21 avril – 15 novembre) est organisée :
- en France, par le Commissariat général français, le Ministère des Affaires Etrangères et Européennes, le Ministère de la Culture et de la Communication et Culturesfrance ;
- au Brésil, par le Commissariat général brésilien, le Ministère de la Culture et le Ministère des Relations Extérieures.

Este livro, publicado no âmbito do Ano da França no Brasil e do programa de auxílio à publicação Carlos Drummond de Andrade, contou com o apoio do Ministério francês das Relações Exteriores e Europeias.
« França.Br 2009 » Ano da França no Brasil (21 de abril a 15 de novembro) é organizado :
- na França, pelo Comissariado geral francês, pelo Ministério das Relações Exteriores e Europeias, pelo Ministério da Cultura e da Comunicação e por Culturesfrance;
- no Brasil, pelo Comissariado geral brasileiro, pelo Ministério da Cultura e pelo Ministério das Relações Exteriores.

Liberté · Égalité · Fraternité
RÉPUBLIQUE FRANÇAISE

**Ficha catalográfica elaborada pela
Biblioteca Mario Henrique Simonsen/FGV**

Paulet, J.-P. (Jean-Pierre)
    A mundialização / Jean-Pierre Paulet; tradução de Celina Portocarrero. – Rio de Janeiro : Editora FGV, 2009.
    164 p. (Coleção FGV de bolso. Série Economia & Gestão)

    Inclui bibliografia.
    ISBN: 978-85-225-0782-5

    1. Globalização. 2. Desenvolvimento econômico. I. Fundação Getulio Vargas. II. Título. III. Série.

CDD — 338.9

EDITORA FGV
Rua Jornalista Orlando Dantas, 37
22231-010 | Rio de Janeiro, RJ | Brasil
Tels.: 0800-021-7777 | 21-3799-4427
Fax: 21-3799-4430
editora@fgv.br | pedidoseditora@fgv.br
www.fgv.br/editora

Sumário

Introdução	**7**
Capítulo 1	**11**
O fim da "pré-história mundial"	**11**
1. Dos "novos mundos" ao "novo mundo"	11
2. A liberdade no coração do sistema	17
3. A chave do desenvolvimento?	20
Capítulo 2	**25**
Uma revolução tecnológica	**25**
1. A chave do desenvolvimento econômico	25
2. A era da comunicação mundial	31
3. Uma consequência: a explosão do comércio	39
Capítulo 3	**51**
As empresas mundiais: o "bem" ou o "mal"?	**51**
1. Empresas transnacionais ou nacionais?	52
2. Uma imagem do mundo	57
3. A globalização financeira	64

Capítulo 4   **73**

Fontes de inquietação   **73**

    1. As deslocalizações   74

    2. Países do Sul ainda muito pobres   81

    3. A destruição da natureza   87

Capítulo 5   **99**

Fortes tendências   **99**

    1. A população: pessimismo ou otimismo?   99

    2. A mundialização é urbana   109

    3. A era da mobilidade   117

Capítulo 6   **127**

Do mundial ao local   **127**

    1. Um encaixe de sistemas   127

    2. O papel dos Estados: dominar a mundialização   136

    3. O microespaço: o lugar carismático   143

Conclusão

Do desespero à esperança   **147**

Glossário   **157**

Bibliografia   **163**

Introdução

Georges Elgozy, em 1968, escreveu que nós "abordamos uma era em que as profissões vivem menos tempo do que os trabalhadores (...) uma única coisa permanece verdadeira em nossos dias: a mudança". Para Robert Reich (1993), "a tarefa primordial de cada nação será enfrentar as forças centrífugas da economia mundial, que destroem os vínculos entre seus cidadãos, aumentando continuamente a riqueza dos mais competentes e reduzindo o nível de vida dos menos qualificados". O fim da bipolaridade do mundo em 1990 (e, em princípio, a unipolaridade do planeta) representou uma profunda ruptura com o passado, mas a mundialização vem sendo forjada há séculos e a mutação é permanente: os fenômenos culturais, sociais, econômicos, financeiros ou ecológicos experimentam uma integração crescente e são cada vez mais interdependentes.

Um "sistema-mundo" global está em vias de formação, mas suas definições são tão numerosas quanto as ciências humanas; os julgamentos continuam, com frequência, sendo ditados por ideologias, preconceitos e falta de conhecimento. Na verdade, cria-se uma angústia mais ou menos justificada e inúmeras associações são muito hostis às diversas formas dessa mundialização. Tais representações de mundialização variam conforme o país. Assim, uma pesquisa de 2007, realizada por estudiosos de oito países, demonstrou que os franceses são especialmente temerosos. Como observa Elvire Fabry, na Europa eles são "os mais pessimistas (...) e os únicos a optar majoritariamente a favor do protecionismo". O que se deve pensar em tais condições? Como escreveu Abraham A. Moles, "a organização de nosso espaço resulta da imagem que dele fazemos" (1977). Dito de outro modo, os indivíduos percebem e imaginam o mundo de formas diversas: é determinante o peso dos ambientes culturais aos quais pertencem.

Ainda assim, evocam-se com razão os progressos espetaculares das comunicações resultantes das revoluções técnicas. A informação é rápida, muitas vezes instantânea, e é possível saber o que se passa do outro lado do planeta. Não se pode esquecer, por exemplo, que o falecimento de Napoleão I, a 5 de maio de 1820, em Santa Helena, só foi conhecido na França no mês de julho! Em compensação, pela primeira vez, em 21 de janeiro de 1930, um discurso do rei da Inglaterra foi transmitido, em tempo real, para 42 estações de rádio no mundo, a maioria fora da Europa.

Hoje, portanto, a questão essencial é a seguinte: como desenvolver, de forma real e durável, as nações e, sobretudo, o Sul?[1] Sob este aspecto, o termo "desenvolvimento" será sempre considerado em seu sentido amplo: trata-se da pro-

---

[1] De acordo com a nomenclatura utilizada no livro, o Norte compreende o conjunto de países considerados social e economicamente desenvolvidos (América do Norte, Europa Ocidental, Japão e Oceania) e o Sul é formado por países pobres e/ou em vias de desenvolvimento (África, América Central, América do Sul e Ásia). (Nota do editor)

gressão positiva de uma sociedade, ou seja, a melhoria das condições de vida de uma população que enriquece. Diversas questões se colocam: em primeiro lugar, será a mundialização um fator de crescimento e de desenvolvimento das nações menos favorecidas? Existem ainda hoje, conforme a expressão de Paul Bairoch, "terceiros mundos", isto é, uma grande diversidade do que é chamado, numa linguagem muito vaga, de "nações em vias de desenvolvimento" ou "em transição", ou "emergentes": dito de outra forma, uma variedade de situações acompanha a mundialização. Assim, em 2005, o PIB por habitante era de US$ 41.339 nos Estados Unidos, de US$ 823 na Etiópia, US$ 774 no Congo Democrático e US$ 903 em Serra Leoa. A questão é, portanto, saber quais os efeitos positivos ou perversos dessa evolução; convém, também, analisar as chances de um desenvolvimento harmonioso e durável. A mundialização é um fenômeno de longa duração, cujas fases preparatórias se elaboram no transcorrer dos séculos, e o mundo sempre esteve em perpétua mutação. A história parece, entretanto, se precipitar: não será essa instabilidade, como pensava Jean Fourastié, um período transitório que "desorienta constantemente o indivíduo"? Tudo indica que, de agora em diante, o planeta entrou numa fase de transformação social, técnica, constante e brutal.

Capítulo 1

O fim da "pré-história mundial"

É sempre difícil encontrar datas e períodos precisos para definir uma organização complexa, espacial, que evolui sem interrupções. Como escreveu Maurice Flamant, "a história econômica não pode se subdividir em períodos em virtude de critérios simples. É aqui que aparece todo o perigo dos recortes temporais definidos". As mudanças são cada vez mais rápidas, e os consumidores das nações ricas anseiam, ininterruptamente, por novos produtos, cada vez mais funcionais e menos caros, sem muita preocupação com as condições de trabalho de quem os produz. De qualquer modo, a mundialização será estudada sob dois aspectos: de um lado, a continuidade, pois a revolução já é antiga; e, de outro, a novidade e a complexidade de uma mutação cada vez mais rápida.

1. Dos "novos mundos" ao "novo mundo"

Há séculos, as diferentes regiões do globo estabelecem contatos e cada vez mais se comunicam graças às descobertas dos viajantes e dos marinheiros que nunca deixaram de percorrer o mundo; Sêneca já dizia que tinha "como pátria o mundo inteiro".

1.1 Pode-se falar de mundialização antes do século XX?

Uma abertura progressiva do mundo

A sede de viagens é muito antiga, mas a conquista da América e a abertura do Extremo Oriente constituem fatos capitais. A "viagem revolucionária de Cristóvão Colombo" (1942), como a chama Fernand Braudel, não passa de um exemplo dessa conquista do planeta que se acelera no transcorrer dos séculos. Na Ásia, o famoso Estreito de Málaca, hoje via mundial do tráfego marítimo, foi ocupado pelos portugueses em busca de especiarias, transportadas a Lisboa e então trocadas por peixes do Mar do Norte levados pelos holandeses. É, entretanto, difícil falar de mundialização antes do século XVII ou mesmo do século XVIII. Na verdade, as sociedades de então tinham percepções de mundo muito diferentes e suas técnicas permaneciam rudimentares. Uma fase capital foi instaurada pela primeira revolução industrial, na segunda metade do século XIX. É difícil dimensionar ao certo o intercâmbio existente antes de 1883, pois não se dispõe de estatísticas a respeito do comércio mundial (segundo Arthur Lewis, prêmio Nobel de Ciências Econômicas e especialista em questões do desenvolvimento). Neste sentido, o intercâmbio entre os países que foram chamados de "Terceiro Mundo" era muito escasso antes do final do século XIX. A primeira transformação da economia mundial, em fins do século XVIII, operou-se sem as matérias-primas dos países que seriam mais tarde chamados de "em vias de desenvolvimento". Seria preciso esperar pela revolução dos transportes e pela estrada de ferro, pois o crescimento das nações era ainda autocentrado, graças ao mercado interno. Por outro lado, durante a primeira metade do século XX, inúmeras regiões voltaram-se para si mesmas. Num outro terreno (mas que também demonstra que ainda não se tratava da grande abertura), os Estados Unidos, em 1911, criaram cotas para a emigração, e a maioria dos países manteve por muito tempo o protecionismo como princípio. A crise de 1929, aliás, acentuou este imobilismo. A II Guerra Mundial foi uma catástrofe, e os intercâmbios mundiais (em relação ao PIB mundial) só voltaram a atingir o nível de 1910 em 1971!

Duas etapas preliminares: a internacionalização e a transnacionalização

Internacionalização: o aumento dos fluxos de exportação. Segundo a Organização para a Cooperação e o Desenvolvimento Econômico (OCDE), fundada em 1948, a mundialização desenvolveu-se em diversas fases. A princípio, a internacionalização corresponde à etapa mais antiga deste processo, no decorrer da qual as empresas se abrem para o exterior desenvolvendo suas exportações. Um erro de vocabulário precisa ser evitado: não se deve dizer "a França vende para a Alemanha", e sim "uma empresa de nacionalidade francesa... vende... para uma empresa de nacionalidade alemã" (Maurice Byé). O comércio internacional é, portanto, muito antigo, e o mundo da Antiguidade já conhecia importantes intercâmbios. Foi, principalmente, na segunda metade do século XIX que se produziu a verdadeira internacionalização do comércio e, de lá para cá, os intercâmbios dobram a cada 20 anos! A Inglaterra, ao adotar o livre-comércio entre 1848 e 1875, está na origem dessa diversificação geográfica dos mercados.

Transnacionalização: um aumento dos investimentos e das implantações no exterior. Sobretudo depois da Segunda Guerra Mundial, a transnacionalização correspondeu a uma segunda etapa do processo, caracterizada pelo incremento dos investimentos diretos no exterior (as deslocalizações). Em 1950, estes investimentos limitavam-se aos setores agrícola e de mineração, ou seja, às matérias-primas. A partir de 1960, é a indústria que atrai grande parte dos investimentos: as empresas se tornam, então, transnacionais ao atravessar as fronteiras graças à liberação dos intercâmbios e dos fluxos de capitais. À internacionalização dos mercados adiciona-se assim um fato maior: a partir da década de 1960, os países industriais mandam fabricar no exterior uma parte cada vez maior de sua produção.

1.2 O fim do século XX: os anos decisivos

As últimas décadas do século XX ofereceram um contraste brutal com os períodos anteriores. A palavra "mundialização" surgiu em 1964, mas ainda não tinha o significado atual, pois vivia-se a época da oposição Leste-Oeste. No decorrer daqueles anos, os termos "mundialização" e "globalização" designam apenas territórios que se abrem para o comércio internacional.

1989: a queda do muro de Berlim

No dia 9 de novembro de 1989, a destruição do muro de Berlim marcou o início da desagregação de toda a organização geopolítica, econômica e social dos países do Leste Europeu e da URSS, que deixou de existir no final de 1991. O fato de maior importância foi a passagem de todos esses Estados para a economia de mercado. A Organização das Nações Unidas (ONU), criada em 1945, foi confrontada, depois da II Guerra, com o enfrentamento dos países comunistas e ocidentais. Foi esta a razão pela qual, no final do ano de 1991, o Secretário-geral da ONU comemorou o novo papel que a instituição poderia representar graças ao fim da bipolaridade do planeta: a queda do muro de Berlim foi um fato capital.

A terceira fase da mundialização sucede, portanto, à internacionalização e à transnacionalização. Esta etapa tem causas complexas, e as representações mentais dos habitantes da maioria dos países mal assimilaram a amplitude das transformações e, em particular, das relações internacionais. Como sublinha Bertrand Badie a propósito do *prêt a penser* (pronto para pensar) das relações internacionais, "a onda de choque de 1990 atingiu superficialmente a reflexão e as análises internacionais" (2007). Seja como for, a abertura dos mercados se torna realidade e corresponde à instalação de verdadeiras redes planetárias graças aos progressos constantes da tecnologia. Jean Guellec, aliás, externou a respeito deste assunto a ideia de que, depois da queda do muro de Berlim, foi, sobretudo, a tecnologia que criou uma "revolução nas relações internacionais": seria ela o "fundamento do poder geopolítico e geoeconômico?" (1999). Verdadeiras redes planetárias se implantam: por exemplo, os pregões das bolsas acontecem "sem interrupção", 24 horas por dia, e a internet contava, em 2006, com cerca de 700 milhões de internautas no mundo, dos quais 22% estão nos Estados Unidos.

"Mundialização" ou "globalização"?

A terceira fase desta transformação é então, na sua origem, chamada em francês de *mondialisation* (mundialização) e de *globalisation* (globalização) nos países anglófonos: isto foi imediatamente tema de debate, ainda mais porque os sentidos dados a estes termos não pararam de evoluir. René Dagorn (1999) acredita que a palavra "continua a se construir" pois tem inúmeros sentidos. Depois dos anos 1950, 1960, os dois termos qualificavam principalmente "fenômenos locais", já entre 1980, 1990, o enfoque foi colocado num "desenvolvimento mundial uniforme". Entretanto, em que se apoia a diferença entre "mundo" e "globo", que, na verdade, parecem sinônimos? Em tais condições, como diferençar essas duas palavras, levando em consideração as ideologias que interpretam os fenômenos? É difícil construir uma explicação simples, mas é possível dizer que a mundialização é o crescimento da interdependência dos países e dos habitantes, fazendo desaparecer as fronteiras. Ou seja, tal integração é simultaneamente econômica, social e cultural: o planeta seria uma aldeia única (*aldeia global*), segundo o pensamento do filósofo Herbert Marshall McLuhan (1971), que foi professor na Universidade de Toronto. Muito se criticou tal simplificação, que foi julgada um pouco "rude" e que, no entanto, apontava para este encurtamento das distâncias graças ao rápido progresso das comunicações. Na década de 1970, de fato, a escola neoliberal americana, sob o governo Ronald Reagan, explicava que os produtores estavam dentro deste "sistema-mundo" e que qualquer intervencionismo das organizações e das nações era inútil. Nestas condições, compreende-se a amplidão do debate que se iniciava. Segundo os conceitos marxistas, seria preciso, evidentemente, substituir essa ideologia. A propósito da globalização, falou-se em "saco de gatos", mas sob esse aspecto ela se assemelha a seu homônimo francófono! "Globalização" designaria, sobretudo, a mundialização econômica, ou seja, os mercados de bens, de serviços, de trabalho e de capitais em escala, de todo o planeta.

2. A liberdade no coração do sistema

A mundialização repousa, antes de tudo, sobre uma ideologia dominante e sobre uma concepção unitária do mundo: o espaço geográfico não teria rupturas nem barreiras. A mundialização está associada, na mente da maioria dos observadores, à noção de livre-comércio, de capitalismo e de liberalismo. Associa-se também ao poderio americano e à abertura do comércio depois de 1945. Entretanto, é preciso saber que, em 1960, 96% dos automóveis comprados pelos americanos eram fabricados nos Estados Unidos, porque as pessoas continuam a se comportar com certo grau de protecionismo e a ter medo dos produtos estrangeiros. Depois da II Guerra Mundial, o conceito de mundialização assume um valor simbólico. Por exemplo, o piloto de guerra Garry Davis se proclamava "cidadão do mundo" e destruiu publicamente sua carteira de identidade. Muito afetado pelo terrível conflito, ele desejava um "governo do mundo", acima das nações. Foi seguido por um grupo de intelectuais e escritores da época, de Albert Camus a André Breton (que aderiu, em 1952, ao movimento "Cidadãos do Mundo"). Neste contexto, os Estados Unidos, economia dominante em 1945, quiseram impor seu modelo liberal exportando o *American way of life*. A OCDE vai determinar as necessidades dos europeus para a reconstrução, e os Estados Unidos tentarão impor seu modelo de desenvolvimento. Nessa época, e nos anos seguintes, o aparecimento das nações comunistas vai impedir a expansão da ideologia americana; mas a revista *Fortune* não hesitou em escrever, em 1955, que "o mercado livre dos Estados Unidos é a maravilha do mundo"!

2.1 Capitalismo ou liberalismo

As duas noções não são em absoluto sinônimas e, neste caso, a escolha das palavras é fundamental. Existe hoje em dia uma tendência para confundir dois conceitos bastante diferentes.

Capitalismo é uma palavra recente

Na verdade, ela não figura no *Littré*.[2] Por outro lado, possui diversas facetas, o que está na origem da confusão.

O termo teve, a princípio, um significado político. Os marxistas lhe atribuem um sentido absolutamente pejorativo e trata-se, para eles, de uma "palavra de protesto". Num segundo sentido, a noção do capitalismo repousa sobre duas instituições jurídicas: a propriedade privada e o direito do contrato. Nessas condições, o Estado, como observa Alfred Marshall, "não intervém na economia; limita-se a seu papel de Estado-guardião". O terceiro sentido é fundamental: refere-se à economia. A empresa está no centro do sistema e o objetivo principal é o lucro. Simplificando, o capitalismo é uma técnica para fazer dinheiro: a moral não tem qualquer participação neste terreno.

O liberalismo é uma ética

Foi dito que o século XIX havia sido a época do "capitalismo selvagem" e que o pensamento liberal evolui. Diversamente dos grandes mestres, como Ricardo ou Adam Smith, os novos liberais colocam a ênfase no próprio indivíduo, que deve evoluir num contexto de liberdade, cujo limite está onde começa a liberdade alheia. O liberalismo apareceu progressivamente na Inglaterra a partir do século XVII (*Droits naturels*, L. Locke) e evolui com a teoria clássica no século XVIII. Esse liberalismo evoluiu bastante desde então e

---

[2] Dicionário em cinco volumes e uma das principais obras de referência da língua francesa. (Nota do tradutor)

A Mundialização

assume hoje formas diversas, conforme os países. Três estruturas caracterizam esta ideologia:

- um sistema de valores (liberdade, felicidade, riqueza): a motivação;
- instituições para regulamentar (democracia): a forma;
- modos de produção (máquinas, organização etc.).

O liberalismo possui, então, certa uniformidade: interesse pessoal, concorrência, liberdade individual. "Matiza-se de nuances cambiantes, conforme a cultura das nações" (M. Flamant). O liberalismo "à inglesa" é diferente da *business civilization* americana, e o dirigismo liberal à francesa não se parece com o modelo alemão ou com os sistemas econômicos dos "dragões" asiáticos. O liberalismo que domina na atualidade a economia mundial transforma-se em função da história, da geografia, do enraizamento dos povos. Nestas condições, a despeito da mundialização, o liberalismo tem um meio ambiente cultural; e há, com frequência, uma contradição entre a iniciativa liberal individual e a pressão global mundial. A despeito da universalidade das técnicas, o liberalismo é um mosaico de unidades.

2.2 O grande crescimento: o objetivo prioritário

Um dos aspectos da liberalização do comércio e dos intercâmbios é, acima de tudo, o *crescimento* econômico. Esta noção torna-se um objetivo prioritário na maioria das nações. Em economia, o crescimento designa o aumento de variáveis medidas pelo PIB (produto interno bruto) ou pelo PNB (produto nacional bruto): é um acúmulo de capitais, de bens e de inovações, mas também de homens e de ideias. Fernand Braudel observa, de fato, que o crescimento é uma ruptura que questiona "sociedade, economia, estruturas políticas, opinião pública e todo o resto"... Entretanto, esta noção de crescimento — sobretudo econômico — é um registro recente, posterior à II Guerra Mundial. Para os antigos, ou para os economistas clássicos, o crescimento é perigoso, pois traz consigo perturbações (ver Platão, Aristóteles ou Malthus). Depois de 1945, teremos, em compensação, um verdadeiro "culto" ao crescimento rápido, considerado o motor do desenvolvimento. A liberalização do comércio é, portanto, indispensável. Ainda assim, um renomado dicionário de economia pôde ainda afirmar, em 1956, que "a palavra crescimento é pouco utilizada na ciência econômica".

"Objetivo 10%"

Este título é célebre: trata-se de um livro de Edouard Parker (1993). O autor define esta ideia desde a introdução: "Viva o crescimento". Ele seria a "autoestrada" indispensável ao desenvolvimento. O autor assinala que é preciso um determinado número de "mandamentos" para se chegar ao crescimento; ele indica, por exemplo, que é preciso um "reconhecimento pleno e completo do direito de livre acesso dos cidadãos ao 'mercado da aldeia', que se tornou o mercado mundial". A livre escolha da exportação manufatureira é o motor de crescimento: é preciso, então, produzir e exportar ao máximo. Nesta época, são tomados como modelos os famosos "dragões" asiáticos, símbolos de crescimento e exportações espetaculares.

3. A chave do desenvolvimento?

O crescimento econômico foi assim considerado, pelos economistas do pós-guerra, uma panaceia. A tecnologia moderna acarreta, segundo eles, uma evolução ilimitada: o problema é evitar o *stop and go*. De fato, as crises podem se alternar com políticas de retomada. Na década de 1960, não é possível fazer reservas sobre os benefícios desse crescimento. Verifica-se então, sem cessar, o crescimento do PIB ou do PNB, que não expressa a distribuição das riquezas. É verdade que, na Europa, durante os "gloriosos" anos de expansão, o crescimento atingiu taxas elevadas, sobretudo, precisamente, na década de 1960. Sem discutir os fatores de tal crescimento, é preciso, primeiro, constatar os fatos: assim, no Reino Unido, de 1951 a 1964, o PNB cresceu em média 2,8% ao ano; e no Japão, de 1953 a 1973, 8,6% ao ano. Em termos mais gerais, de 1950 a 2000, a atividade econômica mundial foi multiplicada por sete. Tal evolução é considerável se comparada com períodos mais antigos. Sabe-se que da Idade Média até o século XVIII o PIB mundial era muito baixo e praticamente não mudou. Angus Madison, autor destas estimativas, distingue diversas fases de transformação do crescimento mundial:

- 1820-1870 — trata-se da fase inicial da formação do capitalismo, o crescimento é muito reduzido;
- 1870-1913 — Angus Madison chama este período de "velha ordem liberal", e o crescimento se torna positivo;
- 1913-1950 — as guerras e as crises provocam a estagnação ou o retrocesso do crescimento;
- 1950-1973 — a taxa mundial é muito elevada (4,91% em média); trata-se de uma excepcional "idade do ouro".

As etapas do crescimento

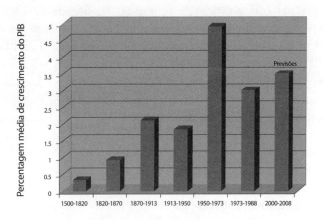

Se hoje o crescimento econômico continua a ser a prioridade das nações, o problema é saber se, acima das médias, a distribuição das riquezas se faz de modo mais igualitário: isso constitui uma questão fundamental da mundialização. É por esta razão que correntes de pensamento desenvolveram a ideia de uma alternativa, ou seja, o "decrescimento" (conceito de Nicolas Georgescu-Roegen). Considerando-se, segundo este economista, que vivemos num mundo "finito, limitado", é preciso, para proteger a biosfera, assegurar-se um decrescimento. Essas ideias tiveram algum sucesso nos anos 1970 e foram ultrapassadas pela noção de desenvolvimento sustentável. Entretanto, hoje, os governos examinam constantemente as taxas de crescimento, por ser este um fator indispensável ao desenvolvimento. Por exemplo, as nações que, na Europa, só atingem taxas consideradas demasiado baixas estão preocupadas: é o caso da França (1,9% em 2006), da Itália (1,9%) ou da Alemanha, que temia uma "descida" a 1,8% em 2007. Em compensação, a Espanha está muito satisfeita com seus 3,8% e, sem dúvida, com números equivalentes no futuro. O conceito é, portanto, um fator de progresso social e de redução das desigualdades: tudo depende da governança. Ao crescimento é preciso acrescentar também outro fator da mundialização, considerado a chave do desenvolvimento: a alta tecnologia.

A mundialização: algumas explicações

Fatores econômicos

- a distribuição desigual dos recursos naturais;
- a distribuição desigual dos recursos humanos;
- a distribuição desigual dos recursos produtivos;
- a dispersão mundial do conhecimento;
- a brevidade do **ciclo de vida** dos produtos;
- a transnacionalização dos capitais;
- a progressão dos intercâmbios comerciais e culturais.

Fatores tecnológicos

- o progresso técnico desigualmente distribuído;
- o custo dos transportes em baixa;
- a redução do tempo de deslocalização;
- a informatização e os progressos das telecomunicações;
- o triunfo da imagem;
- a difusão das informações em tempo real;
- a mutação incessante da pesquisa e do desenvolvimento.

Fatores sociais

- aumento dos níveis de vida;
- crescimento do consumo (em particular nos PEDs);
- desenvolvimento dos padrões de consumo ocidentais nos PEDs;
- mão de obra abundante e barata nos países em vias de desenvolvimento.

Fatores políticos e culturais

- a vitória do **liberalismo econômico** e do livre comércio;
- o enfraquecimento contínuo das barreiras alfandegárias;
- a criação da Organização Mundial do Comércio (OMC);
- a formação de "regiões" econômicas planetárias (tipo Alena);
- o processo de integração das culturas;
- identificações culturais.

Capítulo 2

Uma revolução tecnológica

Todo progresso econômico está, a partir de agora, ligado à inovação e à conquista dos mercados. As empresas e os consumidores tornam-se estreitamente dependentes desse consumo de máquinas nos países ricos. Como dizia Lewis Mumford, "um percentual elevado de nossas atividades, inclusive do pensamento, foi transferido para estes agentes mecânicos, para estas máquinas que se tornaram mais inteligentes" (1970). Ainda que seja desejável que esse progresso beneficie, antes de qualquer coisa, a vida dos países do Sul e as populações carentes, contribuindo para aumentar a longevidade e dar qualidade de vida às sociedades, este avanço arriscado tem inúmeros efeitos perversos: somas enormes são investidas em armamento, por exemplo, ou nem sempre chegam às áreas mais necessitadas.

1. A chave do desenvolvimento econômico

O desenvolvimento técnico-científico é hoje indispensável às empresas e às nações. É a condição essencial da produtividade, como havia demonstrado Jean Fourastié, pois assegura o rendimento do capital: a produtividade do trabalho é o principal fator de crescimento. Fala-se agora em sociedade pós-industrial, pois os serviços representam um papel determinante; a mundialização consagra a interdependência entre as regiões do mundo graças a este progresso técnico. A pergunta que se fazem as empresas é simples: como encontrar um modelo que inove da concepção à venda?

1.1 O fascínio da técnica

A ascendência das técnicas humanas não é um fenômeno recente, mas a tecnolatria ou a tecnofobia são parte integrante da mundialização. Acima dos debates ideológicos, um fenômeno é certo: todas as teorias econômicas se transformam perante esta evidência. O crescimento está ligado a três fatores independentes: o saber, a tecnologia e o investimento nos valores criativos.

Uma "economia do saber"

Novos produtos substituem os "antigos", e o "tempo de vida" de uma invenção é curto. O público é exigente e é preciso atender à demanda dos consumidores, quer se trate de microprocessadores (organismos de cálculo dos microcomputadores), biotecnia ou multimídia. Raymond Vernon bem demonstrou, nos anos 1960, que havia um "ciclo de vida" de um produto, dividido em três fases: seus ajustes, sua difusão máxima, seu declínio. Joseph S. Nye acredita que, na atualidade, o poder de um país não repousa mais somente sobre um *hard power*, e sim sobre uma força mais sutil: o *soft power*. A tecnologia permite que se tenha tal força. É a economia do saber, do imaterial, do valor adicionado, que confere a superioridade. Jean Guellec observa que esta tecnologia "não tem como resultado automático a paz (...) A organização do mundo pelos detentores do *soft power* é um movimento de base".

Desde então, as condições mudaram bastante, mas não há dúvida de que as empresas devam inovar constantemente para conquistar os mercados. Por outro lado, a tecnologia, baseada no progresso científico, exige em geral cerca de 20 anos entre uma descoberta teórica e sua utilização pelo grande público. Os custos de pesquisa aumentam, e as aplicações nem sempre são garantidas. A entrada das populações numa sociedade de consumo depois da II Guerra Mundial e a elevação média dos níveis de vida aceleram a produção, exigindo alta tecnologia. E, sobretudo, tal evolução é muito diferente da que se viu ocorrer em épocas passadas: a mobilidade das técnicas é constante e uma rápida adaptação dos homens, das empresas e dos produtos se faz necessária; mas cada setor de atividade pode, com maior ou menor intensidade, se dobrar às exigências do progresso.

G. Mensch calcula que "dois terços de todas as inovações fundamentais tenham surgido nos 10 anos em torno de 1989". Os Estados e as empresas sabem, desde então, que é preciso dominar um avanço para se impor nos mercados, mantendo um constante "distanciamento tecnológico" baseado na superioridade. A mundialização acentua, assim, a incerteza dos empresários, como também dos operários e funcionários confrontados com esta permanente adaptação.

Inovar antes de tudo

Os principais laboratórios de pesquisa e desenvolvimento (P&D) estão concentrados nos grandes países industriais. A alta tecnologia é dominada pelos três polos principais do planeta — a América do Norte, a União Europeia e o Japão. Globalmente, estes três núcleos possuem 90% do potencial científico. As grandes potências são, portanto, diretamente rivais, e este "embate de grandes" traduz-se numa permanente superação tecnológica. É sobretudo na tecnologia avançada, ou de ponta, que se observa o domínio das nações ricas. Definir a noção de *high-tech* é difícil, mas todos concordam em lhe reconhecer três características essenciais: número elevado de pesquisadores envolvidos na produção, sofisticação dos produtos e gastos consideráveis em P&D. Nesta batalha decisiva, os novos países industriais (NPIs) da Ásia — os "dragões", como Taiwan, ou os "bebês tigres" — tornam-se adversários temíveis. Se os países em vias de desenvolvimento ainda dependem dos Estados adiantados para a pesquisa, as deslocalizações se fazem muitas vezes acompanhar de transferências de tecnologia, e os NPIs exigem cada vez mais um acesso às "indústrias da terceira onda" (A. Tofler). A inovação permanente torna-se uma obrigação, e as nações protegem as indústrias-chave. Uma verdadeira guerra econômica se estabelece, pois a tecnologia é também fonte de poderio militar e político.

1.2 A vantagem das grandes potências

O dinheiro exigido para os investimentos é fornecido, principalmente, pelas nações mais desenvolvidas. Os Estados ajudam, a despeito do liberalismo, as empresas importantes: é notória a ajuda do governo federal americano à Boeing, sem mencionar o suporte da Europa ao Airbus. É evidente que as nações que possuem mais recursos têm meios para investir. A tecnologia é indispensável para afirmar o poderio de um país, no entanto, a utilização das tecnologias espaciais (mísseis, plataformas especiais, imagens por satélite etc.) pode ser empregada por "países ou grupos eventualmente hostis às potências ocidentais", o que é um "tema maior de inquietação para os Estados Unidos" (Xavier Pasco, 1999).

Os Estados Unidos: US$12 trilhões de PIB

A cada época da História uma potência exerce uma influência dominante: "países-polos" emergem graças à sua força, suas riquezas, sua experiência. Do Império Romano ao Império Britânico da segunda metade do século XIX, os exemplos se sucedem. Atualmente, os Estados Unidos, graças a seu capital, seu poderio industrial, seus investimentos, seu exército e sua cultura, estabeleceram uma incontestável (embora contestada) hegemonia. Entretanto, está muito na moda dissertar sobre o declínio econômico dos Estados Unidos. Por exemplo, R. Aron, desde 1980, escrevia: "Eles não são mais o número um"! No entanto, o PIB americano atingiu, em 2005, US$ 12,277 trilhões, ou seja, US$ 10,447 trilhões a mais do que o PIB francês! Este domínio americano exprime-se não apenas pela potência material mas também pela difusão de uma cultura em escala mundial. Entre as 300 principais empresas de informação e comunicação, cerca de metade é americana. A alta tecnologia, fator de dominação, ocupa um lugar capital: a América possui mais de 1 milhão de pesquisadores, e o investimento em P&D atinge 3% do PIB (que representa, por si só, 20% do total mundial).

Apesar de tudo, este quadro global não deve mascarar outra realidade: as desigualdades que existem num país e no interior das próprias regiões. Cerca de 36 milhões de americanos vivem abaixo do nível de pobreza, ou seja, 13% da população. Por outro lado, este grande país, defensor do "livre-comércio", é permanentemente punido pela OMC por seu protecionismo e as Foreign Sales Corporations (FSCs) garantem aos exportadores americanos exonerações fiscais... Do mesmo modo, revertem para as empresas as taxas antidumping que elas pagaram às alfândegas: é a chamada "Emenda Byrd".

Uma obrigação: investimentos financeiros e humanos

Seja como for, as empresas ou os Estados devem dedicar somas elevadas à pesquisa e ao desenvolvimento (P&D), e estes investimentos estão, na maioria das vezes, à altura dos benefícios alcançados: o mercado dos semicondutores corresponde a US$ 280-US$ 350 bilhões por ano e o da informação multimídia deve atingir mais de US$ 500 bilhões no início do século XXI. Entretanto, não se decreta a descoberta de um produto novo e "não é possível acelerar o fluxo das inovações como se acelera um fluxo de investimentos" (Giarini H. Louberge). As descobertas acontecem em função do nível dos gastos com P&D. Nos Estados Unidos, representam cerca de 3% do PIB, e as empresas são auxiliadas por prestigiosas universidades, como Stanford, Harvard ou o MIT. A quantidade de patentes registradas por mil habitantes é 30, enquanto na Europa este número mal chega a 15. A "guerra econômica" acompanha, portanto, estas transformações, e as empresas tentam conservar sua experiência e suas descobertas. Entretanto, é preciso não apenas encontrar capitais mas também pessoal qualificado ou empresários de alto nível: os famosos "manipuladores de símbolos" de Robert Reich. Por exemplo, nos Estados Unidos, 25% das sociedades de alto valor agregado, criadas nos últimos 10 anos, têm um fundador de origem estrangeira. Esta sondagem, realizada de 1995 a 2005, refere-se a sociedades de mais de US$ 1 milhão de lucro bruto e que empregam mais de 20 pessoas. Em 2005, estas 28.766 empresas apresentaram US$ 52 bilhões de lucro bruto. Em alguns casos, como na Califórnia, a proporção de empresários estrangeiros chega a 39%, e, aproximadamente, 25% deles são imigrantes hindus. Na França, o princípio é o mesmo, mas as deslocalizações são feitas para que se busquem assalariados diretamente no local. Assim, a Capgemini, empresa

A Mundialização

francesa de informática, deve empregar, na Índia, cerca de 40 mil pessoas. Como observa um diretor de estratégia do grupo, "há aqui um aglomerado de massa cinzenta" e está-se falando do "maior manancial de cérebros do planeta". Trata-se de profissões da terceirização de tarefas informatizadas, como a contabilidade.

2. A era da comunicação mundial

Bernard Voyenne, em 1962, escrevia que "o homem contemporâneo escapa aos limites que seus sentidos podem explorar. Ele não está mais aqui ou ali e sim em toda parte e simultaneamente no espaço, já em parte no tempo".

2.1 Uma interdependência recrudescida

Uma sociedade em tempo real

Os progressos da tecnologia de informação e a expansão dos meios de comunicação permitem não apenas uma rápida difusão das notícias, mas também o desenvolvimento de uma rede de relacionamentos entre as pessoas, as empresas ou as nações, que atravessa as fronteiras. Na atualidade, o tempo entre um acontecimento e sua divulgação para o público é quase nulo. Uma informação pode deslocar-se na velocidade de um milionésimo de bilionésimo de segundo (femtossegundo). Desenvolve-se, assim, uma "sociedade em tempo real" que domina imediatamente as informações por um mecanismo de interações, graças ao computador ou à televisão. Em 1975, Joel de Rosnay definia a noção de tempo real: "A expressão (...) originou-se do vocabulário das informações. Diz-se que um diálogo ou uma interação (homem/computador, por exemplo) acontece em tempo real quando as informações provenientes do meio ambiente são tratadas à medida que chegam".

Uma "economia do imaterial"

O progresso técnico é também um fator de integração das civilizações, graças à revolução das comunicações. A maioria das regiões do planeta é agora acessível, mas a noção de distância é relativa; ela se torna, na verdade, não apenas uma questão de custo, mas também de tempo de percurso. A distância é percebida de modo diverso conforme o conforto do trajeto e, sobretudo, sua duração. Que importância tem o número de quilômetros entre Paris e Nova York se um avião permite percorrer esta distância em algumas horas? Seja como for, o progresso das redes de circulação acentuou a mobilidade dos homens, que dispõem, atualmente, de uma rede de relacionamentos muito densa, ainda que muito desigual, na superfície do globo. Hoje em dia, as migrações populacionais envolvem cerca de 60 milhões de pessoas; o fato maior reside, sobretudo, na mundialização destas correntes migratórias que atingem hoje todos os países. A mobilidade não envolve apenas os bens e as pessoas; desde a II Guerra Mundial, o fluxo de serviço, de capitais, isto é, o fluxo invisível, se multiplicou. A progressão das comunicações não suprime o espaço ou as distâncias, mas não há dúvidas de que deu origem a uma nova organização, mais complexa e muitas vezes mais desigual. A mundialização nasceu, portanto, da união da televisão, da informática e das telecomunicações. Fala-se, hoje, de uma "economia do imaterial", ou seja, de uma era pós-industrial que se compõe de serviços de difícil avaliação. Fala-se, também, em economia "do conhecimento", com foco na análise do modo de trabalhar, graças às novas técnicas, e de consumir. A pesquisa e o ensino tornam-se uma verdadeira "matéria-prima":

trata-se de valorizar todos os trunfos "imateriais". Compreende-se a importância das técnicas de comunicação, da moda, da publicidade ou do *design*. Robert Reich propôs uma tipologia de profissões ligadas à "economia mundializada". De acordo com este professor de Harvard, devem-se distinguir três categorias de profissões nos Estados Unidos:

- em primeiro lugar, as profissões caracterizadas por tarefas ditas repetitivas, ligadas à produção corrente. Não se trata apenas dos operários não qualificados, mas também de funcionários (inserção de dados informáticos, secretariado etc.) que repetem sem cessar gestos simples. Estas profissões, nas quais se desenvolve o tempo parcial, são mal remuneradas e correspondem a um quarto dos ativos americanos;
- a segunda categoria corresponde aos "serviços pessoais", mas R. Reich faz desse grupo um "saco de gatos", no qual mistura profissões dificilmente comparáveis (comissária de bordo, enfermeira ou copeiro...) que muitas vezes exigem diplomas. Esta classe ocupa 30% dos ativos nos Estados Unidos;
- enfim, a terceira categoria, a mais interessante perante a mundialização, constitui-se dos "manipuladores de símbolos". Esta expressão incorpora as profissões que criam valor sem realmente produzir: são os profissionais de informática de alto nível, advogados, engenheiros, artistas ou financistas. Representam 20% dos ativos americanos.

Existem, sem dúvida, outras categorias esquecidas (mineiros ou agricultores), mas esta classificação faz ressaltar um fato maior: atualmente, cada trabalhador, seja qual for o seu país, está em concorrência direta com os outros assalariados do planeta, isto é, está exposto à competição mundial, o que significa que o profissional ativo cujas competências são limitadas está ameaçado de ver seu trabalho realizado no exterior por assalariados mais mal remunerados. Inversamente, um "manipulador de símbolos" que cria valor não tem preço, e as empresas buscam os colaboradores mais interessantes nos quatro cantos do mundo, a fim de substituir incessantemente este pessoal.

2.2 "Centros" e "periferias"

Polos dominantes

A mundialização vem acompanhada de uma oposição entre regiões motoras, centros de impulso que dominam redes de fluxos. Como sublinha K. J. Kansky, os fluxos constituem um "conjunto de locais geográficos interconectados num sistema por um sem-número de elos". Alguns polos controlam tais fluxos: os Estados Unidos, por exemplo, estão no centro de uma organização muito densa que recolhe informações em proveito da América. Assim, 83% dos investimentos realizados no mundo partem da "tríade", ou seja, dos três polos maiores: Europa, Japão e Estados Unidos. As tendências uniformizantes não devem, no entanto, ocultar a extraordinária diversidade de paisagens e situações. A posição dos países e das sociedades é muito variável e confronta centros muito adaptados à mundialização e "periferias" que não têm acesso a estas modernas redes. O nível de desenvolvimento de um país reflete-se na densidade de sua rede de comunicação. A África, por exemplo, possui uma rede irregular e regiões inteiras ficam marginalizadas. O que não impede que exista uma interdependência crescente entre os polos de comando

A Mundialização

(os países ricos) e as periferias (países em vias de desenvolvimento) que se desenvolvem e rivalizam com as grandes potências. Assim, o Japão pode ser considerado "a ilha da tecnologia". Não possuindo matérias-primas, este país sempre pesquisou soluções tecnológicas.

Isto não impede que a mundialização seja, sobretudo, uma transformação qualitativa: passar da estrada de ferro ao avião é apenas uma evolução técnica. Na fase de internalização dos intercâmbios, há um diálogo de nação a nação; inversamente, a globalização escapa ao controle dos Estados.

Regiões esquecidas

O próprio M. McLuhan não ocultava seu receio quanto à formação de uma rede de comunicações a duas velocidades. Regiões isoladas não dispõem de ferramentas modernas e a internet não é para todo o mundo! Na França, apenas 15% dos lares são equipados com um microcomputador. Em teoria, todo ser humano pode acessar o enorme estoque de dados e imagens fornecido pelas ferramentas técnicas. Na prática, multidões inteiras são deixadas à margem dos meios de comunicação. Em 2000, havia quase 150 milhões de internautas nos Estados Unidos, isto é, mais de 53% da população, mas na África apenas 3,1 milhões! A generalização do livro não impediu a persistência do analfabetismo, e a internet pode até mesmo acentuar a difusão desigual do progresso técnico. Se, nos Estados Unidos, 94% da população possuem telefone, esta proporção cai para 4% na Somália e para 0,3% no Sudão... Há, portanto, "vazios" entre os polos urbanizados, equipados. As modernas vias de comunicação (autoestradas, por exemplo) deixam à margem as zonas periféricas. Como escreve Marcel Merle, tal evolução "desembocará numa rede de autoestradas implantadas num deserto cultural". Portanto, o progresso tecnológico tem dois rostos: de um lado, a "aldeia planetária" que se unifica; e, do outro, a difusão, que é muito desigual. Que a população do globo seja desigualmente distribuída não é um fenômeno novo. Entretanto, atualmente, intensifica-se a concorrência entre os espaços. As regiões "bem colocadas" (estas condições variam sem parar) recebem os capitais. Em paralelo aos polos que se desenvolvem surgem, então, territórios mais ou menos abandonados. Assim, a *França do vazio* (R. Beteille, 1981) é composta por cerca de 28 milhões de hectares e 36 departamentos: terrenos baldios, zonas despovoadas, envelhecimento da população. Cerca de um terço dos 3.600 cantões franceses é atingido por este fenômeno: três quartos dos empregos encontram-se hoje nas cidades e, em 2005, cerca de 85% dos franceses viviam em zonas urbanas. Às vezes, pequenos nichos situados a alguns quilômetros (20 ou 30) uns dos outros se opõem: num caso, uma "região" pode ser povoada e próspera; no outro, deserta. No Japão, a concentração espacial é marcante: mais de 50% dos japoneses vivem na face sudeste do país (a megalópole), de Tóquio a Fukuoka, realizando notáveis "economias de escala": 80 milhões de pessoas ocupam 3% do território. Inversamente, quatro quintos do território são pouco habitados, sobretudo ao norte e ao oeste. Assim, a globalização só faz acentuar os movimentos da população, com a desestabilização dos campos. O problema essencial atual é o emprego. Em muitas cidades ou em pequenas regiões, o trabalho é raro; como observa Pascale Lautecaze, "não se repovoará jamais a metade do território francês". Os Estados, com suas políticas, tentam limitar o êxodo, criam "polos de reconversão" e tentam manter escolas e correios nas zonas em crise. Os espaços rurais que sequer possuem potencial turístico têm muito poucas chances de serem repovoados. Os distanciamentos entre as regiões são muito grandes na própria União Europeia, onde a renda *per capita* pode variar de 1 a 3,5. Os Estados-nações têm, portanto, o dever de reequilibrar seu território, a fim de evitar perigosas disparidades locais.

Uma difusão da cultura americana

Continua a existir uma superioridade americana? Na verdade, o mundo se torna mais variado e complexo, mas sem dúvida há um verdadeiro poderio técnico dos Estados Unidos. Desde o início dos anos 1980, o setor das telecomunicações conheceu profundas alterações. Como sublinha Olivier Dollfus, "para permitir a globalização foi necessário que, simultaneamente, se desenvolvessem o macrossistema técnico (MST), que se apoia na implantação de satélites geoestacionários, e todo um sistema de recepções e cabos que permitem o tratamento das informações recebidas com a velocidade da luz". A revolução da eletrônica modificou radicalmente as telecomunicações; além das atividades industriais, os serviços criados para os usuários desenvolvem-se muito depressa. O mercado mundial representa hoje mais de US$ 500 bilhões, e os países emergentes têm enormes necessidades em equipamentos e serviços. O domínio americano é, entretanto, incontestável, mas a abertura dos mercados deve obedecer a múltiplas pressões: equipamentos mais avançados, serviços personalizados aos usuários, concorrência entre as infraestruturas. Entre os principais grupos especializados em telecomunicações, os dos Estados Unidos, Europa e Japão ocupam os primeiros lugares. Entretanto, é a potência detentora do conhecimento desta "terceira onda" da indústria que pode dominar os mercados e vender produtos. Não é por acaso que Bill Gates, o criador da Microsoft, fundada em 1975, é hoje um dos homens mais ricos do mundo: quando viaja, ele é recebido como um chefe de estado. Atualmente, a nova tecnologia assume formas diversas, e a competição é feroz. Assim, os grandes grupos mundiais de mídia sofrem a concorrência de novos empreendimentos: é notório o sucesso do Google ou do Yahoo! A predominância americana continua a ser impressionante: os Estados Unidos possuem, de fato, as cinco primeiras empresas de mídia; a Time Warner, por exemplo, é a mais poderosa, com um lucro bruto de US$ 30 bilhões. A New Corporation vem a seguir, mas com "apenas" US$ 15 bilhões; e a francesa Vivendi só atinge a 16ª posição entre as 24 primeiras.

Este poderio americano se difunde graças às grandes marcas muito conhecidas. Por exemplo, a Walt Disney Imagineering compõe-se de 12 sociedades, e a força do cinema americano é igualmente notória. Na verdade, os produtos americanos difundem também uma civilização, no sentido que lhe dava Fernand Braudel; é esta a razão pela qual o cinema ocupa uma posição capital nesta mundialização das imagens.

O poderio americano: símbolos

Os Estados Unidos possuem, portanto, um incontestável avanço tecnológico. Vender hoje um produto consiste em difundir uma imagem que é rica de representações mentais. Por trás de Nike, McDonald's, Coca-Cola ou Pepsi há a cultura americana que se quer propagar. A publicidade nunca é inocente, uma vez que envia mensagens. Ora, a superioridade do marketing americano se apoia na concentração de mídias internacionais. Assim, três quartos das imagens difundidas a cada dia no mundo e vistas pelos habitantes da Terra vêm dos Estados Unidos. Outro exemplo: das 300 principais empresas mundiais de comunicação, 144 são americanas, ou seja, 48%. Da mesma forma, entre as primeiras empresas mundiais de mídias 52% também são americanas. Finalmente, os serviços de informação e comunicação são igualmente muito "americanizados": 45%. Sendo o inglês a segunda língua mais falada no mundo, a difusão das informações é bem compreendida por centenas de milhões de pessoas.

3. Uma consequência: a explosão do comércio

3.1 Uma progressão espetacular

Só se dispõe de estatísticas sérias sobre os intercâmbios mundiais a partir de 1883, uma vez que os grandes países industriais produzem localmente a parte mais importante do que precisam. Os trilhos só vão se implantar no Terceiro Mundo depois de 1860. Como observa W. Arthur Lewis (prêmio Nobel de Economia em 1980), antes da primeira revolução industrial, os intercâmbios com o Sul eram muito escassos, e a nova ordem econômica mundial só se consolidou nos 25 últimos anos do século XIX.

As exportações: um crescimento de 450% em 25 anos

Foi preciso esperar a II Guerra Mundial para ver os intercâmbios aumentarem com muita rapidez. Entre 1959 e 1980, o volume do comércio mundial conheceu, em média, um crescimento anual de 7% entre 1950 e 1973; o importante **crescimento** econômico, fato novo na história da humanidade, acelerou a abertura dos mercados (os "30 gloriosos"); o Tratado de Roma (1957) simbolizou o desejo de união europeia. Por volta de 1970, os economistas consideram possível a ideia de um crescimento contínuo. Paradoxalmente, as crises das décadas 1970 e 1980 (os "20 dolorosos") amplificaram as reestruturações, mas a abertura das nações, tanto para o intercâmbio de capitais quanto de mercadorias, não parou de crescer. A partir dos anos 1980, a desregulamentação dos mercados financeiros resultou na livre circulação dos capitais, que se deslocaram em função de lucros mais altos.

O crescimento muito rápido dos intercâmbios representou outro aspecto da mundialização. Entre 1959 e 1980, o volume do comércio foi multiplicado por oito e, entre 1980 e 2005, as exportações passaram de US$ 1,882 trilhão a US$ 10,197 trilhões. De fato, o crescimento dos intercâmbios foi mais rápido do que o crescimento da produção. A progressão do comércio ficou em torno dos 7% ao ano, enquanto a atividade subiu entre 3% e 5%. Em outras palavras, as importações e as exportações aumentaram e as economias se tornaram, simultaneamente, mais abertas e mais interdependentes. A taxa de exportações (exportações x 100/PIB) exprime o grau de abertura de um Estado. Um país exporta uma fração mais ou menos importante de sua produção em função da natureza de suas indústrias, de sua política, de seu desenvolvimento e de seu mercado interno. Esta progressão tem inúmeras causas: os países em desenvolvimento representam um papel primordial na mundialização dos intercâmbios.

Intercâmbios que se transformam

As vantagens da liberalização do comércio internacional de serviços, apresentada pela OMC, aplicam-se especialmente ao turismo. Para este organismo mundial, esta liberalização, esta "liberdade", só produziria efeitos favoráveis.

Para A. Lewis, prêmio Nobel de Economia, é "a inovação técnica que deve constituir o motor, com os intercâmbios servindo para lubrificar seu mecanismo, não para fazê-lo girar". Entretanto, é exatamente o progresso técnico que permite este incremento do comércio, pois as comunicações não param de se aperfeiçoar, até mesmo para os produtos mais pesados.

A Mundialização

Atualmente, grande parte do comércio continua a repousar sobre o tráfego de mercadorias; os produtos manufaturados ganham um peso crescente, enquanto diminui a proporção das matérias-primas e das commodities (à exceção do petróleo). Os produtos primários ocupam hoje um lugar menos importante nesta pauta: 36% em 1970, quase 20% no final da década de 1990. Os bens se modificam progressivamente e os países do Sul, grandes exportadores de matérias-primas na antiga divisão internacional do trabalho, diversificam cada vez mais suas exportações. Por outro lado, os serviços, que representavam 15% do comércio em 1980, ultrapassam hoje os 20%.

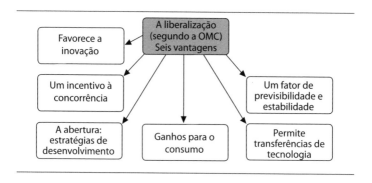

3.2 Novas relações Norte-Sul

Os países em desenvolvimento: "captar" os mercados mundiais

Observa-se que os cinco primeiros exportadores mundiais são dos velhos países industriais europeus e da América do Norte. Os países industrializados, responsáveis, em 1980, por quase 64% das exportações mundiais, conservam ainda a supremacia, com 57%. Em compensação, a África, que somava 5% em 1980, atingiu apenas 2,4% em 2005. O que não impede que esta concentração do comércio em torno de três grandes polos se duplique, com uma integração crescente — mas desigual -— dos países em vias de desenvolvimento. No final dos anos 1980, cerca de um quinto das exportações dos países industriais ia para os PEDs. Esta proporção, que é hoje de um quarto, deve chegar a um terço no início do século XXI. De acordo com os peritos da OCDE, esta integração dos PEDs ao comércio internacional é o único meio de desenvolver os países pobres. Nas grandes reuniões internacionais, de Kioto a Buenos Aires, o problema sempre foi saber se a abertura dos mercados contribuía para o desenvolvimento dos países do Terceiro Mundo. Alguns observadores pensam em práticas do tipo faroeste, com toda a brutalidade que isto faz supor. O desenvolvimento de uma nova categoria de nações, os países ditos "emergentes", transforma a natureza das relações econômicas mundiais. A China, a Índia ou o Brasil tornam-se potências temíveis, o que gera uma consequência: as deslocalizações afetam os velhos países industriais, que perdem empregos em benefício destes novos atores. Estes últimos produzem hoje bens de qualidade, tendo acesso às tecnologias avançadas. Os sucessos comerciais em eletrônica da Índia e da China e em aeronáutica do Brasil traduzem-se por bons resultados comerciais. A inovação não é mais monopólio das nações ditas desenvolvidas. Do mesmo modo, os produtos de tecnologia mais corriqueira são fabricados nos países menos adiantados, a menor custo, acarretando assim inquietação para as nações ricas, ameaçadas pela possibilidade das deslocalizações. O problema das distâncias está resolvido, e as empresas elaboram seus produtos em inúmeros lugares, bastante distanciados, distribuídos pelos quatro cantos do mundo. Entretanto, continentes são esquecidos: em 2001, a África representava 1,7% do comércio mundial, enquanto em 1990 representava 3%: uma situação que se complicou a partir da crise daquele ano. Em compensação, a Ásia conhece hoje sucessos espetaculares e soube, no mesmo período, abrir-se e ao mesmo tempo proteger-se para permitir um desenvolvimento interno (Coreia do Sul ou Taiwan). O continente asiático, sobretudo desde a abertura da China (com quase 1,5 bilhão de habitantes), vê sua influência se acentuar. Ela representa hoje mais de 23% das exportações mundiais. O aumento do nível de vida (em Taiwan, Hong Kong, na Coreia do Sul, mas também na Tailândia, em Cingapura ou na Malásia) e as necessidades de investimentos fazem da Ásia do Leste e do Sudeste, em especial, um novo polo principal. O litoral do Pacífico da Ásia torna-se um "núcleo de peso" do comércio mundial. Região de cruzamento, atravessada por rotas marítimas fundamentais, a Ásia é assim a prova daquele "retorno à geografia" do qual falava *The Economist* em 1994, e é provável que, no século XXI, o PIB bruto da região seja pelo menos igual ao da Europa. Este enorme mercado de consumo torna-se vital para os americanos e os europeus. A entrada da China na OMC (143º membro), oficializada a 11 de dezembro de 2001 (e antecedendo à de Taiwan), contribui ainda mais para a progressão da Ásia.

A OMC: uma difícil missão

A OMC substituiu o Acordo Geral de Tarifas e Comércio (Gatt) a partir de 1º de janeiro de 1995. Ainda que as duas organizações tenham o mesmo objetivo, a instauração da OMC constitui um acontecimento capital e se opõe ao Gatt de diversas formas. Na origem, este é um acordo firmado em 1947 por 23 países (que perfaziam 80% do comércio mundial) a fim de que não se repetissem os erros do protecionismo do período entre as duas grandes guerras. Trata-se, na verdade, de uma "máquina de debates", com uma estrutura não rígida e reuniões periódicas (as rodadas), durante as quais os Estados-membros (120 em 1995) tentam derrubar as barreiras alfandegárias e regulamentar o comércio internacional. Atualmente, a OMC compõe-se de 150 membros e seu papel principal é oferecer uma moldura para as negociações entre as nações, respeitando determinado número de regras: é uma faceta do "governo global". A OMC dispõe de uma estrutura permanente, com sede em Genebra, e funciona também como uma corte de justiça que intervém quando ocorrem conflitos. O texto assinado a 15 de dezembro de 1994 constitui o documento básico que vai reger as relações comerciais pelos 25 anos seguintes. Se, depois da II Guerra Mundial, as barreiras alfandegárias eram ainda de 40%, o objetivo passou a ser reduzi-las para menos de 5%. A OMC tem ainda a missão de gerir a propriedade industrial e artística, levando-se em consideração o papel fundamental das patentes de invenções que é preciso proteger da pirataria.

A OMC é dominada por uma verdadeira filosofia do desenvolvimento; para os "economistas do Gatt", a progressão do comércio internacional é o fator essencial do crescimento. Estima-se em aproximadamente US$ 300 bilhões por ano os lucros engendrados pelo livre-comércio. Este impulso dos intercâmbios multilaterais estimula, assim, o crescimento econômico que, desde 1973, torna-se mais irregular. O que não impede que, entre 2000 e 2005, as exportações de mercadorias tenham crescido, em média, 10% ao ano. O mesmo ocorreu com os serviços.

Ao longo dos anos, alianças se estabelecem entre países: elas podem ser ofensivas (liberar mais) ou defensivas (proteger-se). Assim, a União Europeia tem comportamentos coerentes, mas essas alianças são muitas vezes provisórias e sempre numerosas. Assim, em 1986, o Grupo de Cairns — composto de 14 membros, depois ampliado para 18 — tinha por objetivo defender países exportadores de produtos agrícolas: em outras palavras, reduzir os direitos alfandegários e fazer desaparecer a concorrência desleal (subvenções nacionais). Ora, muitas vezes, tais alianças têm interesses divergentes. Não se trata, portanto, de uma divisão Norte-Sul. Os objetivos da China, por exemplo, são diferentes dos da África ou da América Latina. Entretanto, como foi dito, "apenas uma minoria dos membros da OMC detém o poder de negociação e a capacidade de fazer avançarem as negociações: os países da OCDE e uma parte dos países de desenvolvimento avançado". Sendo assim, "as discussões decisivas para a liberalização e a determinação de regras para a OMC devem ser conduzidas pelos 30 países que operam mais de 80% do comércio internacional. Nestas condições, as alianças assumiriam outras formas" (Razeen SALLY, economista britânico, 2004).

A pirataria industrial na China: uma concorrência fraudulenta

Um exemplo do trabalho da OMC: condenar a pirataria industrial tolerada pelo governo chinês; e, no entanto, a China faz parte, desde 2001, da OMC. Esta grande potência comercial ganha muito dinheiro graças a cópias piratas: o valor de mercado dos bens falsificados varia entre 20 e 25 bilhões de dólares... Um secretário do Comércio americano chegou a acusar os serviços governamentais oficiais chineses de usarem programas pirateados em seus computadores, numa proporção de 70%. Também o Canadá se viu às voltas com roubos comprovados de segredos industriais nas empresas.

Um problema sério se apresenta: a constituição de espaços econômicos regionais que restringem naturalmente o número de negociantes no seio da OMC. Pode-se considerar este fato como um elemento positivo; por exemplo, Mike Moore, antigo presidente da entidade, pensava que tal regionalismo, ainda que possa favorecer o multilateralismo, não pode de modo algum substituí-lo. Estas uniões regionais podem, no entanto, ter efeitos perversos e acirrar a guerra econômica. Não há garantias, enfim, de que "este regionalismo possa beneficiar os mais fracos".

3.3 A vitória dos mares: 96% dos fluxos de mercadorias

O transporte marítimo tornou-se um verdadeiro "acelerador" da mundialização. Sem dúvida, os mares e os oceanos são as principais vias de comunicações internacionais. O fato não é novo, e estas vastas extensões sempre fascinaram os homens; sua história é uma sucessão de descobertas, conquistas, combates e lucros.

Os transportes marítimos: uma "verdadeira idade do ouro"

Esquece-se sempre o fato de que a mundialização é um fenômeno geográfico que afeta territórios, montanhas, planícies, rios e mares. Como escreveu com muita propriedade Jean-Christophe Gay, evoca-se a organização espacial do globo sem preocupação com as descontinuidades. "Este processo contradiz alguns tecnocratas e economistas que, em seus louvores à unificação financeira do globo, querem nos fazer crer que estão aplainando a superfície terrestre e tornando obsoleta a geografia" (1995). É esta a razão pela qual os mares foram, há séculos, o principal criador da mundialização, pois unem os continentes. Existe, com efeito, uma "tirania da geografia" (Lawrence Summers, 2001). Os Estados encravados, sem saídas

A Mundialização

marítimas, enfrentam frequentes problemas e têm dificuldades para enriquecer com a mundialização: não ter uma saída para o mar é um fator de fracasso, temperado hoje em dia pelo desenvolvimento de outras técnicas de comunicação.

Assim, por ocasião da Jornada Mundial do Mar, em 2005, o secretário-geral da Organização Marítima chamou a atenção para os méritos atuais deste meio de transporte que beneficia progressos de técnicas de ponta. Gigantescos navios cargueiros são capazes de atingir velocidades de 25 nós, e é conhecida a importância dos navios-cisterna. Estes transportes marítimos garantem hoje o essencial do comércio mundial e, em nossos dias, os produtos pesados são, na maioria das vezes, embarcados em navios, quer se trate do carvão da Austrália, dos minérios de ferro da América do Sul ou do petróleo. A vantagem destas vias marítimas é poder transportar tais mercadorias sem embalagem. Os cargueiros são navios que carregam unicamente caixas metálicas (contêineres) — 3 mil, atualmente. Um americano, Mac Lean, inventou em 1956 os "porta-contêineres" mais funcionais, mas que exigem equipamento portuário adaptado e complexo. A Ásia realmente tem hoje em dia o domínio nesta área e, em 2005, Cingapura tornou-se um líder mundial. Observa-se um espantoso crescimento do transporte em cargueiros: passou-se de 4 milhões de EVP em 1970 a 350 em 2005 (1 EVP = 33 metros cúbicos). Nestas condições, assiste-se a uma verdadeira batalha para atrair os fluxos, e é preciso importar e exportar o máximo possível, o que supõe equipamentos consideráveis. É esta a razão pela qual a hierarquia dos portos muda constantemente, uma vez que eles rivalizam para sobreviver. Rotterdam, Cingapura ou Xangai brigam pelo primeiro lugar: o sucesso de um porto torna-se uma luta nacional para um Estado. Uma nação precisa, sobretudo, exportar, pois, como observa Paul

Krugman, "os Estados Unidos possuem ainda uma economia que produz quase 90% de bens e serviços para uso interno". É, portanto, necessário não depender demais das importações: observam-se assim os protecionismos, muitas vezes justificados, que reduzem sensivelmente a famosa globalização. De fato, o que justifica, por exemplo, importar de muito longe produtos agrícolas quando se pode cultivá-los no país consumidor? Quase sempre trata-se de satisfazer a consumidores exigentes que não respeitam mais a lei das estações e não veem inconvenientes em comprar legumes produzidos por trabalhadores malpagos, ou mesmo crianças, do Terceiro Mundo.

Os pavilhões de complacência: uma "selva"

O desenvolvimento deste tipo de transporte comporta efeitos simultaneamente espantosos e inquietantes. O pavilhão de um navio depende do país em que ele é registrado. Os armadores têm, portanto, escolha, e os países menos "vigilantes" são os mais procurados. O liberalismo econômico deu origem a uma realidade que se torna dramática.

A corrida dos lucros

O direito marítimo se vê confrontado com os elementos extravagantes e dramáticos da jurisdição dos pavilhões. Mais de 63% da marinha mercante mundial navega hoje sob bandeira de complacência: a obscuridade das leis atinge níveis inacreditáveis. Yves Bosquet coloca bem o problema, pois tal situação "dá lugar a inúmeras dificuldades jurídicas em caso de acidentes". Com efeito, "se um navio-lixeira liberiano, construído na China por uma filial de um grupo coreano, modificado em Cingapura, conduzido por capitão libanês, um piloto búlgaro e marinheiros filipinos, alugado por uma companhia petrolífera americana a uma empresa grega para transportar betume da Noruega à Itália" sofre um acidente e, por exemplo, naufraga em águas internacionais, mas relativamente próximas da costa francesa, questões se apresentam: quem vai pagar os estragos provocados por uma maré negra? O segurador é uma sociedade das Bermudas, difícil de ser contatado porque sua caixa postal fica em Luxemburgo e depende de um banco de Mônaco!

O problema dos pavilhões de complacência ilustra bem um aspecto inquietante da mundialização. O essencial do comércio internacional é feito por mar, e quase 30% da produção mundial de petróleo provêm dos oceanos. Essa importância das extensões marítimas provoca tensões e levanta uma questão: qual é a lei do mar? Esta é a razão pela qual os pavilhões de complacência simbolizam a violação da ordem pública sobre os oceanos: na realidade, os armadores, ao escolherem navios cujo proprietário é estrangeiro, têm poucas obrigações e podem se permitir não respeitar qualquer regra, tirar vantagem de uma fiscalização complacente e ignorar a segurança e o bem-estar de toda a tripulação enquanto poluem os mares sem sanções reais. Esta isenção de inúmeras regulamentações aumenta diversos riscos. As perdas em tonelagens são, por exemplo, resultado de pavilhões deste tipo. Os desastres ligados a este sistema são inúmeros e variados: marés negras, naufrágios, pirataria para a pesca, poluição etc. O número de marinheiros mortos ou feridos é considerável. A mão de obra nunca ousa se queixar e, em Manilha (primeira nação em recrutamento de trabalhadores do mar), marinheiros que se queixam não são contratados...

Laurent Carroue (2006) fala então, com razão, de uma "selva" e de uma "gangrena", uma vez que a rentabilidade acima de tudo e a procura pelos mais baixos preços desembocam num "custo insuportável em termos de segurança e de meio ambiente". A importância do mar nos transportes não se traduz, em absoluto, em uma regulamentação dos direitos. Assim, 40% dos produtos brutos petrolíferos consumidos são transportados por via marítima. Ora, os naufrágios causam estragos consideráveis, que não são sancionados. A lista dos países que possuem pavilhões de complacência é longa (várias dezenas). Assim, 34% dos navios de comércio são registrados em cinco países: Panamá, Libéria, Chipre, Malta e Bahamas. Estes países possuem quase a metade da capacidade de transporte do planeta. A lista, entretanto, é longa, passando por Belize, Bolívia, Ilhas Comores, Guiné Equatorial, Honduras, Jamaica, Líbano, São Tomé, Tonga e Sri Lanka, sem contar as Ilhas Caimãs, a Coreia do Norte, o Vanuatu, as Bermudas ou o Camboja. Pode-se, portanto, afirmar com certeza que esta "corrida do lucro" está realmente mundializada...

Capítulo 3

As empresas mundiais: o "bem" ou o "mal"?

As empresas ditas "multinacionais" ou "transnacionais" representam um papel capital na mundialização. Sua importância e seu poder são objetos de múltiplas interpretações e simbolizam, para alguns, todos os males do mundo moderno. Como observa Vladimir Andreff, os esquemas de análise são frequentemente redutores, simplistas ou baseados em ideologias. A "selva das denominações", segundo a bela fórmula de Ch. A. Michalet, ilustra a diversidade dos nomes atribuídos às grandes empresas: encontram-se, de acordo com os autores, sociedades "supranacionais" e "globais", e M. Byé destaca as "grandes unidades interterritoriais". Fala-se cada vez mais em empresas "transnacionais", a fim de sublinhar a recente evolução das sociedades; elas intervêm atravessando (transpondo) as fronteiras, mas conservando sua base num determinado país. Uma empresa multinacional é, na verdade, juridicamente domiciliada num estado. É nesta medida que as multinacionais são sempre "nacionais": Coca-Cola, Ford ou Boeing são americanas nos fatos e nas imagens coletivas. Entretanto, o estatuto destas empresas torna-se cada vez mais complexo! Estas sociedades precisam, sempre, adaptar-se à mundialização e se valem de estratégias globais.

1. Empresas transnacionais ou nacionais?

A palavra da moda na internet (transnacional) reflete parte da realidade. Ainda assim, uma sociedade é nacional por seu estatuto, e não é "apátrida". Trata-se de um sistema nacional que se integra ao sistema mundo. As multinacionais são, portanto, empresas poderosas por sua extensão mundial e seu lucro bruto, mas é muito difícil estudar sua organização complexa e avaliar e classificar suas riquezas. Um erro a ser evitado: comparar o lucro bruto de uma empresa com o PNB ou o PIB de uma nação. Isto equivale a uma dupla contagem. A soma das vendas das empresas é superior ao PNB mundial. Devem-se esquecer os lucros e os salários (valor agregado): neste caso, a comparação com o PNB é mais adequada. Por outro lado, como definir uma multinacional? Que critérios adotar? Entre as diversas definições, figura a da ONU: trata-se de uma "empresa originária de um país, com atividades estáveis", que controla "filiais em pelo menos dois países estrangeiros, nos quais realiza mais de 10% de seu lucro bruto".

1.1 Um poderio considerável

Uma história e uma cultura

Já em 1902, William Pever escrevia que é "preciso construir localmente" quando os "direitos alfandegários e as restrições diversas prejudicam as vendas". Os ancestrais das empresas transnacionais (ETNs) atuais são as sociedades ditas "primárias", que constituíram a primeira forma de internacionalização nos últimos 25 anos do século XIX. As indústrias das potências dominantes (Grã-Bretanha, França, Alemanha) precisavam de matérias-primas e monopólios foram garantidos a companhias privilegiadas. Os *majors*, isto é, as mais poderosas sociedades petrolíferas, foram as principais ETNs até os anos 1970. A concentração do capital é um imperativo, pois estas empresas devem fazer frente a despesas enormes. Em 1974, de acordo com a revista *Fortune*, das 10 primeiras sociedades industriais mundiais, oito eram empresas petrolíferas. Atualmente, a proporção é inversa: apenas duas ETNs petrolíferas figuram entre estas 10.

A Coca-Cola também tem uma origem antiga: em 1866, um farmacêutico, John Pemberton, inventou a bebida e gastou US$ 46 para alugar um painel onde colou seu anúncio. Em 1974, o lucro bruto da Coca-Cola foi de US$ 2,5 bilhões. John D. Rockefeller, modesto contador, tornou-se bilionário graças ao petróleo.

Há muitas vezes na memória coletiva lembranças do passado e do local da fundação de uma empresa. Ela é uma cultura nascida de seu passado, de seus métodos, das técnicas adotadas e, sobretudo, de seu enraizamento nacional, pois o território ocupa um lugar fundamental.

Empresas que amedrontam

Na década de 1970, Charles A. Michalet escrevia que é fácil identificar uma ETN porque "ela é perita na arte de se fazer conhecer". Em compensação, seu papel é objeto de discussões apaixonadas: para alguns, ela simboliza o poder do dinheiro e passa por ser um "monstro frio e híbrido" cuja "ação é secreta e nefasta" (citado por M. Ghertman); para outros autores, é o verdadeiro motor da economia mundial. Entretanto, os grandes debates dos anos 1970 não se acalmaram, e as velhas noções de imperialismo e dominação continuam a existir nos discursos, mudando de acordo com os países. Uma regra imperativa: evitar os clichês e ler argumentações diferentes para construir uma ideia própria. Seja como for, as ETNs exercem considerável influência através de seus *lobbies*, suas redes mundiais, seus capitais.

1.2 Verdadeiras "redes"

O estouro da empresa

As grandes empresas, hoje, não produzem mais apenas com filiais. É preciso encontrar os técnicos, os especialistas, em todos os lugares do mundo; elas trabalham com sócios, sob contrato, de modo a modificar sem cessar uma rede de empresas atuantes dispersas pelo mundo. A matriz continua a manter o controle da decisão e do financiamento, mas é preciso reunir os melhores engenheiros e captar os inventores nos países onde eles se encontram. Desta forma, economistas viram o fim do poder dos Estados, espaços limitados demais para que as empresas queiram se restringir a eles. Nestas condições, uma empresa-rede é uma articulação flutuante, flexível, com seus sucessos e seus riscos. As sociedades sob contrato são, portanto, como fusíveis que "queimam" ao proteger a matriz. O sistema é formado por um "centro" e uma nebulosa de sociedades: em 1990, a Hewlett Packard compreendia 50 empresas independentes, e a Hitachi, 60. A matriz assina contratos com empresas de estatutos variados, encarregadas de resolver um problema bem específico de concepção, fabricação ou venda; fala-se assim de terceirização da produção. A General Motors é cercada por 800 sociedades cuja missão é trabalhar para a grande empresa (serviços, engenharia etc.)

Assim, através de investimentos diretos no exterior (IDEs), a empresa se implanta fora do país. Em 2004, o valor agregado produzido por essas filiais é de US$ 4 trilhões, o que equivale a um terço das exportações mundiais. Conforme as sociedades, tais estabelecimentos no exterior são muito variáveis. O índice de transnacionalidade (ITN) é de apenas 23% para a Wal-Mart, enquanto pode ser de 90% para outras empresas. Algumas firmas, por exemplo, realizam a totalidade de sua produção no exterior. A British Petroleum tem um ITN de mais de 80% e esse é também o caso de inúmeras companhias petrolíferas, que ultrapassam os 70%. São as principais ETNs que possuem, como já foi dito, "a mão forte" sobre os preços mundiais, os intercâmbios, as orientações dos métodos e das políticas. Das 60 mil empresas (ETNs) do mundo, continuam a se distinguir as 100 primeiras, que totalizam um lucro bruto de mais de US$ 6 trilhões.

Índice de transnacionalidade (2004)

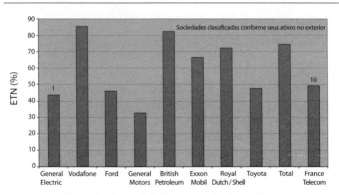

As 10 primeiras sociedades transnacionais não financeiras

A produção: um quebra-cabeça

Uma rede de empresas

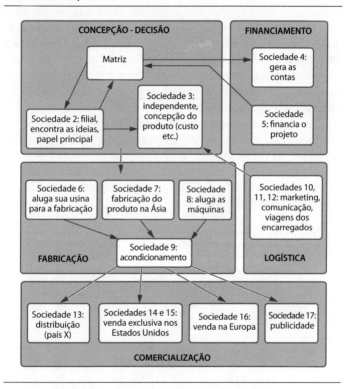

Submetida a múltiplas restrições (custos, normalização dos bens que é preciso adaptar a um "padrão" internacional, concorrência), a produção se dispersa: um veículo pode ser concebido nos Estados Unidos, financiado pelos japoneses, montado na Europa e, quem sabe, suas peças fabricadas nos quatro cantos do mundo. Nesta rede, é muito difícil dizer de onde vem o produto final; a sociedade que teve originalmente a ideia é a peça-chave do sistema, pois possui os melhores pesquisadores recrutados em todas as partes do mundo. Sua influência é tão grande quanto a da matriz, pois é ela quem gera os lucros e o valor. Estamos, assim, muito longe da antiga organização centralizada: o sucesso da empresa depende de uma organização que pode quebrar rapidamente. A concepção e a produção estão hoje distribuídas, e a empresa-rede é um poderoso fator de dispersão geográfica. A fabricação torna-se, deste modo, um negócio internacional pois, hoje em dia, "os fios da rede mundial (...) ligam entre si os desenhistas, os engenheiros, os empresários, os concessionários e os revendedores" (R. Reich).

2. Uma imagem do mundo

2.1 Uma hierarquia das nações?

O reflexo do poder

As nações mais fortes possuem o maior número de EMN. Tais empresas possuem uma dupla característica: são ao mesmo tempo mundiais e nacionais; em outras palavras, têm interesses globais (é preciso traduzir por mundiais) e interesses nacionais, pois precisam de um Estado regulamentador e protetor. S. Amin imaginou, nos anos 1970, a integração das empresas no sistema mundial opondo um centro (América do Norte, Europa, Japão) a uma periferia constituída pelo Terceiro Mundo e pelos países em desenvolvimento. S. Hymer, por sua vez, acredita que o mundo está organizado à imagem das empresas multinacionais, a partir dos centros de decisão até a base que executa:

- no nível I, determina-se a estratégia mundial; é o top-executivo em Tóquio, Washington ou Londres;
- no nível II, outras grandes cidades, os estados-maiores, difundem tais decisões; os funcionários e técnicos precisam de infraestruturas e cidades importantes;
- no nível III, na "base da escala", isto é, na periferia, situam-se as fábricas, os centros de extração nos quais estão a mão de obra e as matérias-primas.

Esta hierarquia espacial ilustra o modelo centro-periferia. Desde quando S. Hymer elaborou estas hipóteses, a estrutura das empresas mudou bastante, e a empresa-rede não corresponde mais a este esquema. O que não impede que, geograficamente, o comando e a decisão estejam muitas vezes localizados junto a sedes de bancos, perto dos poderes políticos, perto das fontes de informação: não se descentraliza quem decide...

Alguns economistas consideram a noção de "patriotismo econômico" ultrapassada, pois grandes empresas têm parcelas significativas de capital dominadas por fundos estrangeiros. Na realidade, o conceito continua atual, pois uma visão demasiado "econômica" das ETNs mascara uma realidade mais complexa. Não há dúvidas de que as deslocalizações crescentes em direção aos países em vias de desenvolvimento, em especial no que diz respeito à alta tecnologia, podem dar a impressão de que os Estados não mais intervêm nas decisões econômicas. As situações são muito variadas e é inexato afirmar que as "políticas econômicas nacionais perderam uma grande parte de sua eficácia" (Charles Albert Michalet, 2007). Os intercâmbios intraempresas são importantes, mas esquecem-se demasiadas vezes os imperativos geográficos, que impõem restrições por serem não apenas mundiais mas, também, locais e regionais. Em nossos dias é, sobretudo, a

A Mundialização

mobilidade que domina. Na verdade, uma empresa mundial possui estratégias que sempre exigem a concordância dos Estados, pois é preciso:

- deslocar a administração, a produção e a comercialização para os países e as regiões mais favoráveis;
- implantar os serviços técnicos de alto nível em Estados que possuam técnicos, engenheiros e pessoal de alto nível científico;
- criar fluxos de capitais e operar nas melhores condições com uma rentabilidade, se possível, durável.

Em 1967, 55% do **capital** investido no mundo vinham dos Estados Unidos. Em 1974, das 20 primeiras empresas mundiais, 13 eram americanas. Embora nessa época a Grã-Bretanha fosse o segundo país em número de ETN, ela chegava muito atrás dos Estados Unidos por seus capitais investidos no exterior. Hoje em dia, as empresas mais poderosas do mundo são americanas, ainda que a situação se modifique rapidamente. Assim, para citar apenas um exemplo, entre os 10 primeiros grupos agroalimentares do mundo, seis pertencem aos Estados Unidos e dois, à Grã-Bretanha.

"O sucesso da Wal-Mart é o sucesso da América"

Esta frase de um presidente americano em 1992 demonstra bem o lugar das empresas nas nações. Elas veiculam técnicas e uma cultura nacional: os sucessos e os fracassos desta empresa mundial são significativos.

"Wal-Mart esmaga os preços e também os salários" (*La Tribune*, 2007)

O exemplo é bastante revelador: a cadeia de centros comerciais, primeiro grupo mundial da grande distribuição, figura como símbolo do sucesso de um americano. Em sua origem, a loja é de Arkansas, um Estado muito pobre. Sam Walton, depois de ter sido vendedor de leite e de jornais, decide, em 1945, ao voltar da II Guerra Mundial, gerir com sua esposa, formada por uma escola de comércio, uma loja franqueada da cadeia Butler Brothers. Em 1962, Sam Walton e seu irmão tinham 16 lojas e, hoje, 6.760: trata-se de uma considerável empresa mundial que dá trabalho a quase 1,8 milhão de pessoas. A Wal-Mart vende produtos a preços baixos em instalações "rústicas": por muito tempo se falou do "concreto aparente" destas lojas. O grupo está presente em vários países, nos Estados Unidos, é claro, no Canadá, no México, no Reino Unido. Suas ações chegam a quase US$ 200 bilhões, enquanto o Carrefour só totaliza US$ 51 bilhões... A Wal-Mart é, aliás, famosa por sua rejeição aos sindicatos e "simboliza", mesmo nos Estados Unidos, um "capitalismo selvagem". Como já foi dito, a sociedade tem a "esquizofrenia do cliente que economiza"; entretanto, "os preços não caem do céu; eles podem ser explicados, em parte, pela baixa remuneração média dos assalariados em cada um dos condados nos quais se instalou a multinacional" (Serge Halimi, 2006). O grupo se gaba de vender produtos a preços baixos aos menos favorecidos, mas sua localização em subúrbios pobres (as áreas menos caras) lhe permite empregar uma mão de obra local muito mal paga (US$ 10/hora), muitas vezes utilizada em tempo parcial e sem seguro social.

Inúmeras sociedades já tentaram copiar os métodos da Wal-Mart no plano social, desde a ausência de representação sindical até os salários muito baixos. Entretanto, os métodos da empresa "exportam-se muitíssimo mal", pois ela demonstra uma curiosa "incapacidade de se adaptar ao terreno", ou seja, aos países estrangeiros. Assim, por exemplo, na Alemanha, "do Ruhr à Baviera, a Wal-Mart copiou em tudo o serviço que oferece a seus clientes texanos ou californianos" e, na Alemanha, o costume de que os empregados sejam obrigados a cantar pela manhã o hino da companhia não foi nem um pouco apreciado! (Gilles Tanguy, *L'expansion*, 2006). Na China, o grupo está muito atrás do Carrefour. Na Coreia do Sul, ele não permaneceu e no Japão a clientela prefere a qualidade... O problema de adaptação é, aliás, geral e pode-se lembrar do que ocorreu, na França, na instalação da EuroDisney em Marne-La-Valée: no início, todos os restaurantes eram no estilo McDonald's (sanduíche e bebidas não alcoólicas...).

2.2 "Pensar mundial"

A "mão forte" nas estratégias e nos intercâmbios

Os anos 1980 constituíram uma ruptura brutal com o período do pós-guerra. A ênfase financeira da economia e a mundialização técnica transformaram o ambiente das empresas. K. Ohmae quis ver nesta globalização um mundo cada vez mais integrado, que submete os Estados a esta homogeneização. Os anos 1980/1990 foram, portanto, anos de concentrações, de fusões muitas vezes brutais a princípio, mas mais estratégicas com a continuidade. Os *raids* e as ofertas públicas de aquisição (OPAs) agressivas foram substituídos por alianças mais inteligentes e mais técnicas. No final dos anos 1980, o gigante americano enfrentou dificuldades consideráveis: a

IBM, assim como a General Motors, acumulou déficits. O *new management* precisa então lutar contra três restrições: a rapidez da mudança tecnológica, a liberalização dos mercados e a concorrência acirrada. As reestruturações foram incessantes, e a "flexibilidade" dos salários e empregos tornou-se ilimitada nos Estados Unidos.

Ter competências-chave

As empresas que haviam formado "conglomerados" disparatados se reorganizam num mesmo setor. A fusão só se realiza quando se trata de uma "tecnologia de reaproximação". Assim, a General Motors separou-se da EDS, empresa de informática muito próspera, mas muito diferente de sua atividade básica. É preciso, então, chegar a um domínio num setor em escala mundial. Da mesma forma, a Westinghouse retoma suas atividades de comunicação abandonando o setor puramente industrial. Tais reestruturações são muitas vezes acompanhadas, numa primeira fase, de licenciamentos, assim como da desativação de algumas unidades. Deste modo, a Sunbean, especializada em eletrodomésticos, suprime, em 1996, 50% de seu efetivo e fecha 70% de suas fábricas... O mesmo aconteceu com a Boeing, que, em 1993, demitiu 28 mil empregados antes de absorver a Mc Donnell, criando assim um grupo de 200 mil empregados e US$ 50 bilhões de lucro bruto. Quando se fala em empresas transnacionais, supõe-se que tenham uma grande unidade, mas a realidade é bem diferente: ao lado de "gigantes" como a Ford, um grande número de pequenas e médias empresas dinâmicas é igualmente de "multinacionais". Em 2004, 64 mil empresas transnacionais (ETNs) empregavam, com suas filiais, quase 60 milhões de pessoas.

As grandes empresas: vantagens decisivas

O lucro vem, portanto, desta liberalização dos capitais e do investimento global das transnacionais. Ao lado do gigantismo de algumas sociedades, as pequenas e médias empresas dinâmicas são realmente mundializadas. Os Estados Unidos fornecem o exemplo típico desta justaposição. Considera-se que o tamanho da empresa importa pouco: é o seu valor que conta. A progressão das pequenas e médias empresas de alta tecnologia é o resultado dos esforços dos *venture capitalists*, isto é, homens de negócios que procuram jovens talentos assumindo riscos. Foi dessa maneira que Bill Gates e Steve Jobs (Apple) tiveram chance. A cada ano, de US$ 4 a US$ 5 bilhões são investidos em pequenas empresas *high-tech*. A Nasdaq (National Association of Securities Dealers Automated Quotations) é uma bolsa eletrônica (Trumbull, Connecticut), fundada em 1971, que representa 5.200 jovens empresas situadas principalmente na Califórnia ou no Texas.

O tamanho das empresas não é o único critério de classificação das empresas transnacionais. O principal traço a ser observado é sua organização. Em outras palavras, uma empresa pode ter destaque por seu lucro bruto, seu valor agregado, número de empregados, seu balanço. Como observa R. Reich, as mais poderosas integrarão uma rede mundial com um sem-número de pequenas empresas. O número crescente destas (nos Estados Unidos, por exemplo) não deve mascarar a evolução da estratégia das mais importantes empresas transnacionais. A "grande empresa" não é mais um "grande empreendimento", mas o centro de um sistema que busca, para períodos temporários, homens e pequenas sociedades que somem valor. As empresas mais importantes têm também outra superioridade: dois terços dos intercâmbios tecnológicos do mundo se fazem entre elas por intermédio das redes.

3. A globalização financeira

3.1 A liberalização dos mercados

A firma mundial: inúmeros ativos financeiros

Fala-se de "globalização financeira" para designar as transformações do mercado financeiro. A mundialização está ligada à liberdade crescente dos movimentos de capital. Os mecanismos financeiros são cada vez mais complexos. Os interesses dos particulares, de grupos buscando altas taxas de juros, estão na origem dessa liberalização: o papel da poupança é fundamental. No final do século XX, os mercados foram abalados por três fatores (os "3Ds").

No primeiro caso (a desregulamentação), trata-se da abolição do controle das trocas; no segundo (a desintermediação), da possibilidade de entrar em contato direto com as fontes de financiamento; e, por fim, a descompartimentação é o desaparecimento de diversas barreiras — geográficas, temporais ou funcionais.

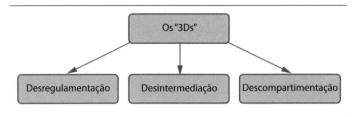

Os mercados de capitais também se mundializaram graças ao progresso técnico, à informática, às modernas telecomunicações. As economias têm hoje necessidades enormes, mas, até o princípio dos anos 1980, os fluxos financeiros eram regulamentados como o sistema bancário e os Estados tinham poderes consideráveis sobre estas transações monetárias. As transferências se aceleraram e fluxos complexos se cruzam atualmente, em busca do lugar que dará o melhor lucro. As nações, mais abertas ao comércio, quiseram atrair a poupança mundial para financiar um desenvolvimento sempre difícil. A elevação progressiva do controle de intercâmbios e as diversas medidas de liberalização geraram um importante aumento dos fluxos de capitais. Essa globalização obedece à regra dos "3Ds": descompartimentação, desregulamentação, desintermediação. O primeiro termo pode se resumir pela abolição das fronteiras pelos mercados financeiros; o segundo corresponde à liberação destes últimos e à supressão do controle dos intercâmbios; o terceiro é uma técnica que permitiu colocar nesses mercados os créditos discutíveis ou as dívidas dos países do Terceiro Mundo.

O extraordinário aumento dos fluxos permite financiar o desenvolvimento. Entretanto, não existem mais relações simples entre os fluxos financeiros (que aumentam rapidamente) e a produção. Durante os anos 1980, os fluxos de capital entre os mercados de câmbio foram multiplicados por 8,5 (enquanto os fluxos comerciais, apenas por dois). As transações chegam hoje a US$ 1 trilhão por dia, sem qualquer chance de comparação com o valor das trocas comerciais. Este mercado não está sujeito a qualquer regra internacional, e a instabilidade (das taxas de câmbio, das taxas de juros) é uma consequência temível. Os novos procedimentos técnicos, bem como os programas automáticos que são acionados a partir de determinado nível de compras ou de vendas, estão na origem da quebra da bolsa em 1987 ou do "buraco negro" em julho de 1990. Desde 1993, há tentativas de controlar o sistema; entretanto, esta instabilidade da esfera financeira acarreta três efeitos perversos: as economias passam a ser controladas pelos meios financeiros, as crises locais correm o risco de se propagar por todo o planeta e, por fim, uma terceira consequência pode ser perigosa: a instabilidade monetária.

O monopólio de sete países

A expressão "banqueiros do mundo" foi empregada pela Conferência das Nações Unidas para o Comércio e Desenvolvimento (Cnuced) para designar os 20 primeiros bancos transnacionais do planeta. Eles pertencem a sete países, em ordem decrescente: Japão, Estados Unidos, Reino Unido, Alemanha, França, Suíça e Países Baixos. Totalizam, com seus ativos, mais de 60% do PIB mundial, para apenas 10% da população do mundo.

Os Estados Unidos são, naturalmente, os mais importantes consumidores de capitais do mundo. O Japão sempre foi um investidor importante, enquanto a Europa tem grandes necessidades de capital para enfrentar seus déficits públicos.

Nos mercados internacionais, portanto, os países da OCDE monopolizam grande parte dos movimentos de capitais (mais de 70% dos empréstimos são concedidos a nações desenvolvidas). Trata-se, realmente, de uma "corrida" aos capitais que vai se intensificar; além disso, os capitais privados (e não mais os fundos internacionais) representam hoje um papel primordial. É preciso, porém, estabelecer uma diferença essencial entre os movimentos de capital de curto prazo (depósitos, intercâmbio de bens etc.) e os de longo prazo, como os investimentos diretos ao exterior (IDEs), isto é, as operações realizadas por uma empresa para controlar uma atividade produtiva. Isto é fundamental para a melhor compreensão da diferença entre a especulação financeira e a contribuição direta para o desenvolvimento econômico.

3.2 Os capitais: uma grande mobilidade

A serviço dos países do Sul?

Os fluxos de capital, sob diversas formas, progrediram muito rapidamente em direção aos países em desenvolvimento (PEDs). Os países "emergentes" (Estados em vias de desenvolvimento rápido) atraem os investimentos. Trata-se de um fenômeno recente, pois os investidores privados hesitaram por muito tempo em correr riscos fora da OCDE. Em 1996, quase US$ 285 bilhões foram investidos nos PEDs. Em seis anos, os fluxos privados foram multiplicados por seis e representam 70% dos financiamentos para os países em desenvolvimento. Esse é um fato importante (e novo), pois os fluxos privados eram ainda minoritários no início da década de 1990. Em 1995, os investimentos diretos para o "Sul", em clara progressão, iam sobretudo para a Ásia do leste e para o Pacífico (60% dos fluxos líquidos), enquanto a África subsaariana só recebia 2,5%!

Os países pobres, instáveis ou em conflitos recebem poucos investimentos produtivos a longo prazo. E, no entanto, as condições evoluem rapidamente; assim, a China estabelece fortes relações com a África e exporta mais de US$ 15 bilhões para essas regiões (50% de produtos de alto valor agregado). A África se beneficia com essa ajuda, pois recebe capital e tecnologia. O capital destinado a investimentos foge muito depressa aos primeiros sinais de alerta... Entretanto, Alan M. Taylor constata ainda que, nos dias atuais, o mercado mundial "não fornece capital suficiente, a longo prazo, para ajudar os países que têm maiores necessidades de se desenvolverem". Os investimentos diretos são de fato muito prudentes e se concentram em regiões atraentes que possuem "fatores de sucesso", mas o número de países que se beneficiam destes investimentos cresce rapidamente.

A ênfase financeira das economias é, na verdade, um fator de crescimento, mas também de crise, e não beneficia as nações pobres. As flutuações das matérias-primas, a busca de lucros rápidos e de territórios com boa infraestrutura não favorecem os países desprovidos e também ameaçam os Estados em pleno crescimento. Nos anos 1990, as crises financeiras se multiplicaram. O principal problema foi a alternância rápida entre *boom* econômico e depressão e verdadeiras recessões. Assim, durante as fases de crescimento rápido, o capital afluente e, sem dúvida, a especulação dominam, pois, por exemplo, é o mercado imobiliário que recebe o capital. Em compensação, nas recessões, os fluxos de dinheiro se retiram e os efeitos perversos se multiplicam.

A crise da Ásia em 1997-1998: o desespero dos economistas

A 2 de julho de 1977, uma crise econômica se anuncia na Tailândia: o bath se desvaloriza e desaba em relação ao dólar.

Esta situação resulta de um crescimento muito rápido, marcado por investimentos anárquicos e de curto prazo. O mal-estar vai atingir toda a Ásia, e os investidores abandonam esta região do mundo em benefício de outros países, mas a América Latina também sofre do mesmo mal. Estes acontecimentos confirmam que os fluxos de capital buscam a estabilidade e, como já foi dito, "deslocam-se na velocidade da luz" tão logo seja preciso abandonar uma região preocupante. Sem dúvida, isto é impossível no caso de verdadeiros investimentos diretos no exterior (IDEs), porque se trata de uma participação verdadeira. Uma crise pode se originar de créditos duvidosos: é a "ditadura do financeiro", pois bilhões de dólares movimentam-se rapidamente tanto para ser investidos quanto para fugir! Os economistas acreditaram bem depressa no fim do "milagre asiático", e multiplicaram-se os artigos para demonstrar o fim de um "modelo". A crise serviu de motivo de reflexão a respeito de um crescimento rápido e muitas vezes descontrolado; entretanto, desde então, a subida da Ásia continua e, em 2005, o conjunto dos países em vias de desenvolvimento conheceu um importante crescimento de 7,2%: a Ásia ultrapassa os 8%; a China, os 9,9%; e a Índia, os 8,3%. Em compensação, a África, com uma taxa de 5,2% em 2005, continua a não receber capital suficiente.

A facilidade de empréstimos encoraja a especulação e os jogos da Bolsa, mas o crédito se torna perigoso. O famoso *credit crunch* (contração de crédito, quando um banco interrompe o fluxo) pode se aplicar aos tomadores de empréstimo mesmo que eles tenham sérias garantias; o procedimento pode, então, bloquear uma economia. Os credores internacionais têm todos os poderes, pois controlam Estados em teoria independentes e soberanos. Ao menor alerta, ao menor deslize do país, o capital foge e é pedido o reembolso das dívidas. No século XIX e ainda no início do século XX, os fluxos financeiros iam dos países ricos para os países pobres, muitas vezes no contexto das colonizações: isto não gerava automaticamente o crescimento... Hoje, entretanto, o capital é mais volátil e se dirige com precaução para as zonas menos favorecidas. Num país do Sul, alguns fatores desfavoráveis bloqueiam esta entrada de capital: a inexistência de mercado financeiro nacional ou a impossibilidade de acesso aos grandes mercados acionários.

Lavagem de dinheiro e "paraísos fiscais"

A especulação imobiliária, a imoralidade na "geofinança", os escândalos e as crises não permitem o desenvolvimento das nações mais necessitadas e este sistema mundial faz circular, em alguns segundos, o capital. Na verdade, não são apenas práticas desajeitadas ou egoístas, mas, na maioria das vezes, manobras realmente fraudulentas. Este aspecto da mundialização é absolutamente condenável: os fluxos financeiros protegem-se de diferentes formas. Assim, os "paraísos fiscais", que eram cerca de 25 na década de 1970, são hoje, segundo o FMI, mais de 65: somam quase €5 trilhões em ativos gerados. Estes paraísos oferecem a vantagem de não impor fiscalização ou controle de câmbio, guardando um sigilo bancário total. Evitam que as empresas paguem demasiados impostos sobre seus lucros, mas sua atratividade não se limita a isso. Na verdade, as ETNs dissimulam suas dívidas e aparecem perante os investidores com balanços atraentes. Algumas chegam até a falsificar as contas... No final de 2005, um estudo do *Wall Street Journal* indicou que a Microsoft teria transferido a gestão das receitas de suas patentes para uma filial situada na Irlanda e a consequência foi a seguinte: US$ 50 milhões de receitas saíram dos Estados Unidos. Em fins de 2005, estima-se que de um total de 476 grandes empresas (em 22 países), 77% praticam políticas de transferências.

O termo "paraíso fiscal" possui muitos sinônimos em diversas línguas: em alemão, fala-se de "oásis fiscal" e, em inglês, de um "refúgio fiscal". Como havia indicado a OCDE, não existe um critério único, e os diferentes abrigos são tão variados quanto seus nomes. Assim, a Suíça é um "paraíso bancário", mas não é um paraíso fiscal e, em alguns casos, há uma imposição em determinados refúgios de capital. Estes paraísos investiram: por exemplo, em 2004, 20% dos IDEs estrangeiros na China vinham das Ilhas Virgens, nas Antilhas; das Ilhas Samoa, no Pacífico; e das Ilhas Caimãs. A OCDE tenta lutar contra este estado de coisas e deseja a transparência, o que não é acatado mesmo por países conhecidos como Mônaco, Andorra, Liechtenstein ou Libéria. Estes paraísos ficam muitas vezes em pequenos Estados e as ilhas são em grande número, das Antilhas ao Pacífico, como Fidji, Tonga ou Vanuatu. São, como descrito com pudor no Código Geral dos Impostos francês, "países com regime fiscal privilegiado"! Seja como for, estas estruturas tornaram-se um elemento essencial das estratégias fiscais.

De fato, não se trata unicamente de escapar ao fisco, pois estes enclaves estão ligados à lavagem de dinheiro sujo — da corrupção, do tráfico de narcóticos e de armas, da prostituição, do terrorismo. Esforços são realizados nos âmbitos nacionais ou mundial desde os anos 1980: por exemplo, o Grupo de Ação Financeira (Gafi), cujos membros vêm da OCDE, compreende 33 estados e elaborou contramedidas que se aplicam aos territórios "não cooperativos". São 40 "recomendações" que, em princípio, deveriam ser respeitadas por todos os países. Entretanto, as nações menos favorecidas têm outras preocupações, e os raros países em vias de desenvolvimento que fazem parte do Gafi figuram entre os menos pobres. As nações do Sul ainda não dão importância a esta luta contra a corrupção e a lavagem de dinheiro.

Capítulo 4

Fontes de inquietação

Os efeitos da mundialização são múltiplos e diferem entre si como os países, as culturas, os níveis de desenvolvimento e as reações das populações. É preciso, portanto, escolher, entre os efeitos julgados como mais graves, alguns exemplos de consequências inquietantes. Assim, como explicava um artigo do jornal *L'Expansion*, as deslocalizações são "o grande medo francês" (2004). De acordo com uma pesquisa exclusiva realizada pela CSA-L'Expansion-FranceInter, para 88% das pessoas entrevistadas, "a deslocalização das empresas francesas é um fenômeno grave". Entretanto, este fenômeno é percebido de formas diferentes ao redor do mundo, e algumas nações se beneficiam dessa mobilidade dos empregos. Outros problemas mais graves e mais gerais se apresentam: a pobreza do Sul, as diferenças de nível de vida entre os povos e a destruição da fauna, da flora e dos ecossistemas em geral (esquecidos na maior parte do tempo). Estão estas três questões relacionadas com a globalização? Elas existem há muito tempo. Na verdade, o desemprego e o desaparecimento das florestas não são fenômenos recentes...

1. As deslocalizações

A questão das deslocalizações é importante porque tem a ver com a evolução dos empregos, a mudança rápida dos estabelecimentos, as reconversões. Assim, de 1995 a 2005, o número de desempregados no mundo aumentou em quase 22% (de acordo com o Bureau International du Travail). É preciso, entretanto, determinar o que se entende por deslocalização, pois estamos tratando de procedimentos variados empregados pelas empresas, mas com diferentes estratégias. As deslocalizações podem ser também indiretas.

1.1 Estratégias muito variadas

Antes de tudo, definir o conceito

Deslocar consiste em separar geograficamente o local de fabricação do local de consumo. Mexe, portanto, com valores fundamentais, como emprego e trabalho. Na maioria das vezes, essa deslocalização se faz em direção a países estrangeiros nos quais as condições são mais favoráveis. Este processo não é novo. As estratégias diferem conforme as empresas transnacionais e as "culturas" econômicas. Por outro lado, as motivações não são as mesmas. Os japoneses foram, originalmente, os mestres da deslocalização. Hoje em dia, a baixa dos custos de transporte e a livre circulação do capital ainda não se aplicam às pessoas. Uma empresa procura, então, num país, a mão de obra adequada: pouco onerosa e/ou qualificada. Podem-se encontrar, algumas vezes, verdadeiras aberrações: assim, mulheres e moças da Coreia do Norte são "emprestadas" a empresas tchecas com salários muito baixos para trabalhar por dois ou três anos, com metade de seus salários indo para o governo coreano. Na verdade, a deslocalização tem por objetivo transferir capital e empregos para regiões que apresentem vantagens competitivas. Estes são, portanto, dois aspectos radicalmente diferentes que podem determinar a descentralização da produção.

Nestas condições, o que é chamado de deslocalização? Frequentemente, confundem-se "deslocalizações" e importações de produtos resultantes de diversas formas de terceirização da produção. No sentido restrito, uma deslocalização é o investimento efetuado por uma empresa no exterior a fim de produzir em melhores condições: o investimento deve ser realmente direto, com compra de atividade produtora. Esta distinção é fundamental porque, quando as deslocalizações são acusadas de estar na origem de efeitos perversos, faz-se uma absoluta confusão entre "verdadeiros" investimentos diretos e todos os tipos de associações sem aporte de capital, do simples acordo à subcontratação, do fornecimento internacional às diversas formas de importação. Uma empresa deve realizar investimentos variados para se desenvolver, quer se trate de bens materiais (terreno, locais, equipamentos), de necessidades sociais de pessoal ou de investimentos financeiros (aportes de capital, aquisição de empresas etc.). O debate a respeito das deslocalizações se apoia na definição do investimento direto no exterior. Podem-se distinguir três tipos de IDE:

- a criação de uma empresa com um investimento total. Como observa Cyril Bouyeur, até os anos 1970, este tipo de criação *ex nihilo* era a forma corrente de investimento dos países ricos nos PEDs;

- a recompra de uma sociedade. Esta é uma segunda forma de investimento, a partir dos anos 1980. Este procedimento mais rápido permite adquirir uma empresa já funcional e é o tipo de operação clássica entre países desenvolvidos;
- a detenção parcial do capital de uma sociedade estrangeira. Nos PEDs, na verdade, é difícil ter o controle total de uma empresa, e as formas de associação são múltiplas – do simples acordo à subcontratação do fornecimento internacional nas diversas formas de importação.

Uma consequência: o desemprego

Em escala mundial, em 2006, contam-se cerca de 3 bilhões de empregos. Deste total, 40% são agrícolas, 39% pertencem aos serviços e 21% à indústria. Estes poucos números resumem bem a evolução do século XXI: o que acontece com a população agrícola que emigra para as cidades e precisa se adaptar? É uma deslocalização da qual se fala pouco, e pouco se pensa nessa miséria camponesa nos países industrializados, em que a demissão de 100 trabalhadores provoca escândalos. Por outro lado, quase 85% dos empregos mundiais estão nos países em desenvolvimento. A Cnuced explica que tais deslocalizações não são apenas realizadas em detrimento dos países desenvolvidos. Certamente, eles também se beneficiam de tais atividades. Assim, a Irlanda, o Canadá ou Israel são muito valorizados. As consequências humanas são brutais e assumem dimensões nacionais quando pessoas são despedidas num país com locais tradicionalmente especializados em determinados ramos, como ocorreu no norte da França ou em Lorraine, a partir da década de 1970, com as crises da indústria pesada e do setor têxtil. Em compensação, grandes nações asiáticas se beneficiam destas mudanças de localização. Assim, estima-se que em 2010 mais de 25% dos empregos europeus *high-tech* serão deslocalizados para a Rússia e, principalmente, para os países em vias de desenvolvimento, como a Índia ou a China. Entre os grandes países "deslocalizadores", a Grã-Bretanha ocupa um lugar de destaque, com um grande percentual de contratos. Assim, a Wal-Mart comprou 35% de uma sociedade com 101 lojas da sociedade taiwanesa Trust-Mart na China, presente em 34 cidades.

A Conferência das Nações Unidas para o Comércio e o Desenvolvimento indica uma sucessão de deslocalizações: "Esta tendência que surge na divisão internacional do trabalho é benéfica tanto para os países de origem quanto para os países de destino. A Cnuced acrescenta, num relatório de 2004, que, se "considerarmos as mil primeiras empresas do planeta, 70% delas ainda não deslocalizaram serviços para locais de custos baixos, mas muitas pretendem fazê-lo". As EMNs representam um papel decisivo nesta dispersão das formas de produção. A deslocalização é a possibilidade que têm as empresas de produzir em outros países para se beneficiarem das diferenças de custos de mão de obra, dos mercados locais e da experiência regional. As deslocalizações são objeto de debate nos países industriais, pois são acusadas de estar na origem de todos os males — entre os quais o desemprego — de nossa civilização. O antigo relator-geral da Comissão de Finanças do Senado francês, Jean Arthuis, estimou, em 1993, o número de desempregados que tais deslocalizações acarretariam, em princípio, nos 15 anos seguintes: 470 mil... Desde então, observou-se que o problema estava mal colocado e diversos estudos demonstraram os enganos desta visão simplista da situação. Tanto na Cnuced quanto na Direção das Relações

Econômicas Exteriores (Dree), em Paris, as conclusões são idênticas: os países com baixos salários não são os únicos responsáveis pelo desemprego na Europa. Mais exatamente, os empregos não qualificados — ou sem qualificação — são na verdade ameaçados pelos baixos salários pagos no Terceiro Mundo. O salário/hora para fabricar uma camisa é de cerca de US$ 0,40 na Índia e US$ 7,50 nos Estados Unidos. Mas o tempo necessário é de 11 minutos nos Estados Unidos e de 23 minutos na Índia. Na verdade, como observa a Dree, os empregos criados e os destruídos pela concorrência nos países em desenvolvimento "não são da mesma natureza". A única maneira de se proteger contra esta situação é produzir bens de alto valor agregado. Os prazos de produtividade importam tanto quanto os custos dos salários. A China, grande produtora de computadores portáteis, concorre com Taiwan, pois cerca de 45 mil engenheiros de sistema são formados por ano e aceitam trabalhar por salários que representam um quarto dos de seus colegas de Taiwan. A nova especialização dos países em vias de desenvolvimento atrai as empresas; num futuro próximo, as deslocalizações na Ásia exigirão consideráveis áreas de escritórios: estima-se que serão necessários 65 milhões de m^2 de escritórios.

1.2 Um fenômeno Norte-Norte ou Norte-Sul?

Uma reconversão geral

A lógica de deslocalização dos IDEs obedece também à busca de clientes; é esta a razão pela qual os países desenvolvidos, com elevado nível de vida, continuam a ser um importante destino dos investimentos diretos.

As nações que deslocalizam são, em sua maioria, Estados com elevado nível de vida. O professor H. Siebert, economista, acredita que a deslocalização "é uma sorte": suas consequências sobre o mundo do trabalho são, porém, dolorosas. No intercâmbio internacional, a "vantagem comparativa" constitui a base da teoria. As deslocalizações obrigam os países emissores (como os da Europa dos 15 ou os Estados Unidos) a se adaptar de duas maneiras: tornar os salários mais "flexíveis", pois a concorrência estrangeira pesa sobre eles; e "realocar" a mão de obra dos setores em crise (como o têxtil) para setores novos que possuam vantagens comparativas (trabalho com alto valor agregado).

Em teoria, um emprego perdido na indústria de calçados será substituído por uma função na eletrônica. Para os assalariados, esta "reorganização" tem inúmeras consequências. Na França, "terra de recepção" para o capital vindo do Norte (Estados Unidos, Alemanha, Bélgica ou Grã-Bretanha), os investidores buscam setores específicos, em que a alta tecnologia representa cerca de 30% dos empregos criados (1995). Os IDEs na França têm anualmente uma alta de 9% a 15% em média. As empresas que deslocalizam são, então, obrigadas a se implantar em um grande número de países. Novas nações industriais, como a Coreia do Sul, já estão bastante mundializadas; a Daewoo é representada em vários países, com 80 locais de produção. O que não impede que múltiplas reconversões sejam necessárias, diante da rude concorrência do Sul. Como lutar contra a seguinte notícia: "O construtor chinês Chery pretende enviar para o mercado americano, a partir de 2007, veículos a preços imbatíveis"? Da mesma maneira, hoje, 77% dos calçados mundiais são fabricados na China, e os produtores franceses só podem rivalizar limitando-se aos calçados de luxo. Neste segmento, a deslocalização oferece uma redução de 40% no custo de fabricação. Da mesma forma, na França, a famosa marca de roupas de banho Arena, instalada há 40 anos em Libourne, vai se transferir para a China, o que provavelmente acarretará cerca de 170 demissões (já em 1998, uma primeira deslocalização havia sido feita para a Tunísia.).

Novas potências emergentes

A tradicional divisão entre países desenvolvidos e países em desenvolvimento é hoje muito complexa. Alguns são "ricos, mas não desenvolvidos". Por outro lado, a China torna-se um motor da economia mundial e suas importações tiveram um aumento de 40% em 2003. Françoise Lemoine constata que, "no Japão, as exportações destinadas ao conjunto da China tendem a alcançar as destinadas aos Estados Unidos". O mesmo acontece com a Coreia do Sul.

Entretanto, é preciso relativizar o "peso" dos PEDs. Os países industrializados continuam a totalizar sete décimos da produção mundial, e as empresas transnacionais só empregam em definitivo 16% do pessoal nos países em desenvolvimento. Os investimentos das transnacionais são, portanto, muito seletivos: os 50 estados africanos mais desfavorecidos recebem menos de 1% dos IDEs do planeta; em compensação, os países em desenvolvimento mais dinâmicos exportam mais para os Estados industriais. O desemprego criado nos países ricos não está apenas ligado às transferências de produção para os países em vias de desenvolvimento: é preciso buscar, também, outras razões. Ao lado desses países em desenvolvimento bem-sucedidos encontram-se "os esquecidos pela mundialização". Assim, a geografia das empresas transnacionais é muito instrutiva: é, sem dúvida, este tipo de empresa que conduz à mundialização. Os PEDs tentam atrair estes capitais privados e as grandes companhias são cada vez mais seletivas; os IDEs privados representam um fator de polarização das atividades em regiões sem riscos. Hoje em dia, cerca de 2

A Mundialização

bilhões de pessoas estão excluídas do crescimento gerado pela globalização, e as disparidades aumentam não só no Sul, mas também no interior do Norte. A livre circulação de capital, fator de crises, é hoje cada vez mais difícil de ser controlada.

2. Países do Sul ainda muito pobres

2.1 As receitas: de US$ 400 a US$ 70 mil (PIB/habitante)

Os conflitos na origem da miséria

A desigualdade entre países ricos e pobres, mesmo no interior da sociedade dos Estados do Norte, não é uma novidade. Se o nível de vida médio do planeta não parou de subir, as distâncias entre os menos favorecidos e os mais desenvolvidos são antigas. Mas as disparidades entre os próprios países do Sul são também muito grandes porque muitos deles já "decolaram". Em 30 anos, a renda por habitante dos sul-coreanos passou de US$ 200 para US$ 8 mil (mais de US$ 10 mil em PPC — paridade de poder de compra).

O aumento da riqueza global do planeta mascara estas profundas desigualdades. Entre 1960 e 1993, a renda média por habitante foi multiplicada por 2,5. Em compensação, durante o mesmo período, 20% dos habitantes mais ricos viram a fração de sua renda crescer de 70% para 85%; da mesma forma, o percentual de renda dos 20% menos favorecidos caiu de 2,3% para 1,1%. O Programa das Nações Unidas para o Desenvolvimento (Pnud) avalia em 1,3 bilhão o número de pessoas que vivem em "pobreza absoluta" (menos de US$ 1 por dia, relatório de 1997).

Atualmente, a renda por habitante pode variar de US$300 a US$ 400 na África (US$ 600 na Somália ou US$ 751 no Iêmen) até US$ 41.399 nos Estados Unidos ou US$ 69.000 em

Luxemburgo. É muitas vezes impossível avaliar a pobreza no Afeganistão, em Gaza ou no Iraque. De acordo com o Pnud, a "mundialização contribui para reduzir a pobreza em algumas economias (...) mas gera também perdedores entre alguns países (...) e no interior deles".

As situações políticas exercem um papel decisivo e é ingênuo acreditar numa "integração" mundial, uma vez que as diretrizes econômicas são ditadas pelas políticas nacionais. Diante de uma melhora global, alguns países ainda passam fome e, com frequência, durante guerras e conflitos locais, como no Chade, no Afeganistão, na Somália ou na Etiópia. De acordo com a Organização das Nações Unidas para a Alimentação e a Agricultura (FAO), dezenas de nações ainda continuarão numa situação alimentar crítica se não houver melhorias das estruturas e da produção agrícola. Seria preciso acrescentar: se as condições geopolíticas, religiosas e culturais não gerarem mais conflitos.

Uma convergência problemática

Duas palavras a manter em mente: convergência e divergência. A primeira designa o crescimento rápido dos países pobres, permitindo-lhes atingir o nível de vida das nações ricas; a segunda, ao contrário, é a acentuação das desigualdades. Sabe-se que a tendência, a partir das diferentes revoluções industriais, é para a divergência. Hoje em dia, coloca-se a questão de saber quanto tempo será necessário para que as nações pobres alcancem os países industriais; por outro lado, será este fenômeno possível? No momento, é preciso estar atento a fatos simples: a desigualdade do nível de vida que separa o Terceiro Mundo dos países desenvolvidos é hoje de 1 a 12; o fosso aumentou! Ele se aprofundou também no interior dos países desenvolvidos, com a marginalização de algumas categorias sociais. Nos Estados Unidos, os 20% mais pobres viram sua renda ser reduzida em 17% entre 1979 e 1993, e cerca de 40 milhões de pessoas não têm acesso aos serviços de saúde. Como já foi observado, "se o futuro não se afastar claramente do passado recente, este fosso continuará aumentando" (Lant Pritchett, 1996). É preciso, por outro lado, estabelecer a diferença entre crescimento e desenvolvimento. No primeiro caso, trata-se de uma indicação puramente econômica; no segundo, trata-se do conjunto da elevação do nível humano.

2.2 Como medir o desenvolvimento?

O crescimento econômico: um profundo transtorno

Fernand Braudel observou que o crescimento coloca em discussão "sociedade, economia, estruturas políticas, opinião pública e todo o resto". Trata-se de um acúmulo de homens, de capital, de bens e de ideias. Uma taxa de crescimento elevada, a longo prazo (10% ao ano, segundo E. Parker), deveria tirar um país da miséria. Para que tal crescimento seja durável, deve ser acompanhado de profunda transformação das sociedades.

As análises de inúmeros economistas (como R. Lucas, S. Kuznets ou R. Benabou) demonstram que as desigualdades políticas e sociais impedem o crescimento e o desenvolvimento. A Coreia do Sul estava, em 1960, no mesmo nível que as Filipinas. Esta teve um crescimento de 2% ao ano (o que é pouco), enquanto a Coreia do Sul cresceu a um ritmo de 6% ao ano. Ora, ela sempre teve a política e uma sociedade mais igualitárias. Os esforços em matéria de educação foram muito importantes: a escolarização no ensino médio passou de 40% dos alunos em 1965 para 95% em 1985. Neste mesmo período, tais taxas, nas Filipinas, subiram de 50% para apenas 65%. Assim, mais de 30 anos depois, as diferenças são expressivas. Em 1960, nas Filipinas, os 20% mais ricos tinham uma fortuna cinco vezes superior ao que ganhavam os 40% menos favorecidos da população. Na Coreia, em compensação, esta relação não passava de 2 para 1. Dois mecanismos contribuem para o desenvolvimento: o primeiro é a pressão de uma sociedade desigual que, por razões diversas, interrompe o crescimento; o segundo é, então, o papel representado pela educação, fator essencial do desenvolvimento. Taiwan, antigo "dragão", apresentava, já em 1950, uma taxa de escolaridade de 80% para o ensino fundamental; em 1977, esta proporção chegou aos 99,5%! Para Roland Benabou, sem dúvida, é a desigualdade (social, escolar ou política) que desacelera o desenvolvimento (Inequality and Growth, MIT Press, 1996).

IDH, IPH e ISDH

Em Economia, o crescimento designa, portanto, um valor, que mede a evolução do PIB ou do PNB durante determinado período. Como dito anteriormente, Fernand Braudel argumenta que tal crescimento coloca em questão "sociedade, economia, estruturas políticas, opinião pública e todo o resto...". O desenvolvimento é sua consequência eventual se ele traz consigo uma evolução positiva da qualidade de vida humana e da cultura. Um Estado pode, assim, conhecer um crescimento rápido e ser "subdesenvolvido". As Nações Unidas criaram em 1990 o índice de desenvolvimento humano (IDH), que mede, através de diversos critérios, o desenvolvimento de um país. Três fatores principais são levados em consideração: a expectativa de vida, o nível de instrução (número de anos de estudo) e o poder de compra dos habitantes. O IDH é medido através de um índice que varia de zero ao valor máximo. Como todo índice, o IDH pode ser

A Mundialização

criticado por incorporar apenas três parâmetros, enquanto um nível de desenvolvimento corresponde a um complexo somatório de fatores. Não obstante, é muito útil, por permitir a classificação dos Estados. Assim, em 2004 o IDH era de 0,965 (sobre 1) para a Noruega, enquanto na Nigéria era só de 0,311. A média para as nações da OCDE era de 0,923, enquanto a África saariana só atingia 0,472, e a média mundial não ultrapassava 0,741.

Com certeza, o PIB por habitante, medida indispensável, é uma média que não avalia a distribuição das riquezas, a educação, a mortalidade ou a condição feminina, muitas vezes lamentável. Um país pode ter um PIB por habitante elevado numa sociedade muito desigual. Esta é a razão pela qual são indispensáveis os índices que avaliam as condições de vida.

IDH: os primeiros e os últimos

País	IDH (2004): de 0 a 1	Nível mundial (sobre 177)	PIB/hab. PPC (dólares) 2005
Noruega	0,965	1	42.364
Islândia	0,960	2	35.586
Austrália	0,957	3	30.897
Irlanda	0,956	4	40.610
Suécia	0,951	5	29.898
Canadá	0,950	6	34.273
África central	0,353	172	1.128
Guiné-Bissau	0,349	173	736
Burkina Faso	0,342	174	1.284
Mali	0,338	175	1.154
Serra Leoa	0,335	176	903
Nigéria	0,311	177	872

Um novo índice, o indicador da pobreza humana (IPH), foi criado em 1997 pelas Nações Unidas a fim de avaliar, internamente, o percentual de pessoas em estado de pobreza em relação ao total da população em cada país: a análise das condições de vida é, desta vez, levada em consideração (acesso à água potável, aos serviços e à saúde e grau de desnutrição). Da mesma forma, o indicador sexo-específico de desenvolvimento humano (ISDH) compara os dois sexos: a pobreza das mulheres é terrível e elas são desfavorecidas na maioria dos casos, quer se trate de educação ou de mortalidade. O indicador (máximo sobre 1) é de apenas 0,30 na Nigéria e não atinge, em média, 0,50 na África subsaariana.

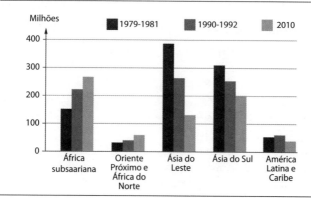

Número de pessoas subalimentadas

Fontes modificadas: FAO.

O desenvolvimento e o aparecimento de países ditos emergentes são, portanto, características da mundialização: no mesmo momento, coexistem nações cujos níveis econômicos (e, obviamente, as estruturas culturais e sociais) são muito diferentes. Na Ásia, diversas "gerações" coabitam: têm-se desde os quatro velhos "dragões" precursores (Taiwan, Coreia do Sul, Hong Kong e Cingapura), chamados de Nies (Newly Industrialized Economies), até a segunda geração (Malásia e Tailândia), qualificada de New Emerging Countries, sem contar os que chegaram por último, de futuro mais incerto, como as Filipinas. Os antigos Estados socialistas, ainda muito pobres (Vietnã ou Laos), abriram-se há muito pouco tempo, e nações como Mianmar (Birmânia) ou Camboja são alvo de problemas consideráveis. O caso da China é absolutamente particular: a abertura recomendada por Deng Xiaoping com o surgimento de um "socialismo de mercado" transformou por completo o futuro do país. A ordem é "abrir-se para o mundo exterior fazendo uso do capitalismo". Há, entretanto, uma enorme diversidade nesta Ásia imensa na qual se opõem as culturas e as economias. Entre o Timor Oriental, cujo PIB por habitante é de US$ 553, e o Japão (cerca de US$ 26.000), a distância é considerável.

3. A destruição da natureza

A palavra natureza deveria ser hoje colocada entre aspas, pois há milênios os ambientes se transformam. Em outras palavras, os ecossistemas (por este termo entenda-se "o conjunto formado pelo hábitat e pelos seres vivos que o ocupam") (G. Plaisance) são hoje violentamente modificados. É preciso determinar que eles compreendem o *biótopo* (os fatores ecológicos característicos de um determinado local) e a *biocenose* ("os seres e vegetais que vivem nas mesmas condições de ambiente"). Estes ecossistemas precisam de equilíbrio natural para subsistir. As sociedades, porém, modificaram desde sempre, com meios cada vez mais potentes, o meio ambiente considerado como matéria-prima e como perigo. Descartes chegou ao ponto de ver nos animais máquinas sem sistemas nervosos que se podiam matar sem escrúpulos... A flora e a fauna não têm qualquer outra utilidade além de satisfazer às necessidades das sociedades que não se preocupam com seu desaparecimento: assim foi (e continua a ser) o antropocentrismo dominante.

3.1 Fenômenos plurimilenares

Relações homem/natureza inquietantes

Desde a origem do homem, foi necessário que, para sobreviver, ele se servisse da natureza, das florestas, da vegetação, dos animais. O professor R. Molinier calculou que a porção de espaço que "mudou completamente de fisionomia" na floresta provençal, entre 1900 e 1970, foi de 40% a 50%. O que pensar do que vem se produzindo há 5 mil, há 10 mil anos? A ideia dominante por muito tempo foi a de supremacia sobre a natureza, de modo a garantir a qualidade de vida das sociedades: o homem deve demonstrar sua superioridade. Antes das revoluções industriais, tratava-se de "necessidades essenciais": comer, vestir, morar. No decorrer dos séculos, a relação com a natureza evoluiu e as necessidades passaram a depender do modo de vida que, cada vez mais, está a serviço dos ambientes físicos. Nestas condições, os espaços são produtos da história. Como aponta Brigitte Berland (2006), desde o final do século XIII, na França, "quase não há ambientes naturais": esta constatação se refere aos litorais, aos espelhos d'água, aos estuários. No decorrer dos séculos, estas zonas naturalmente úmidas se transformaram, sob a mão do homem, num "território artificializado".

Em sua origem, os principais fatores destruidores da natureza, ou modificadores, surgiram para ajudar a humanidade:

é o caso dos detergentes, do motor a explosão, dos pesticidas. As consequências desta ação humana vão se acelerar com a globalização, mas o peso das heranças é muito grande; ele pode dizer respeito a florestas, lagos, cursos d'água ou litorais e mares, sem mencionar a poluição e a erosão dos solos. A agricultura foi naturalmente a função primitiva de transformação, com progressos técnicos cada vez mais eficazes. Assim, na Ilha da Reunião, as florestas foram cortadas em quatro fases: no século XVIII, a cultura do café precisava de terrenos; na primeira metade do século XIX, a cana-de-açúcar tornou-se dominante, mas na segunda metade foram as culturas de subsistência que avançaram sobre a floresta. Enfim, no século XX, passou-se a plantar a cana do "gerânio". Exemplos como este poderiam ser múltiplos. Entretanto, durante muito tempo, a pressão demográfica foi fraca e os meios de transformação, limitados, no que diz respeito à caça, à colheita e ao fogo. Uma pergunta foi feita por Frank Fraser Darling: "Em que época se situa o momento crítico em que o homem deveria ter tomado uma consciência mais clara da situação", a fim de combinar com mais harmonia a exploração e a preservação da natureza? Assim, o fogo empregado na África para a caça destruiu florestas. A agricultura sedentária esgota mais ainda os solos e há na Inglaterra "terras esgotadas" desde o período neolítico! A agricultura itinerante foi um verdadeiro flagelo tanto na África quanto na América, e pode-se observar que, conforme as épocas e os costumes, os estragos foram mais ou menos graves. A destruição das florestas gera emissões de CO^2 que acentuam o aquecimento. A floresta protege o clima, mas, inversamente, o desmatamento das florestas tropicais acarreta a emissão, a cada ano, de 1,5 bilhão de toneladas de carbono na atmosfera. Este problema não interessa em absoluto às grandes organizações internacionais e não foi nem mesmo mencionado no Protocolo de Kioto. E no entanto, todos os anos, florestas desaparecem em ritmo acelerado: a superfície correspondente a um campo de futebol a cada dois segundos...

É bem conhecida a expressão usada por Georges Friedmann ("os ambientes técnicos") para designar os ambientes dominados pelas máquinas: o homem, a partir das revoluções industriais, reage a simulações vindas de elementos artificiais. Mudou, então, o olhar sobre a "natureza". Para os citadinos, os habitantes das nações desenvolvidas, um meio ambiente deve ser ao mesmo tempo "natural" e bem equipado... Se, como observou Andrée Corvol, há uma "ditadura do verde", o espaço natural deve aliar beleza, segurança, acesso de veículos e distrações. É este, por exemplo, o desejo do turista à beira-mar que quer água e areia, mas também poder surfar e comer.

A destruição da vida

Os comportamentos indesculpáveis, nas sociedades que se pode continuar a chamar de consumo, estão na origem das destruições. O caso dos animais é simbólico. Não se trata apenas de produzir alimento (e, mesmo nestes casos, em condições muitas vezes apavorantes), mas de destruir por motivos desprezíveis. A exploração de animais se apoia sobre o fato de que eles são considerados "matérias-primas". O couro e a pele provocam matança que se contam aos milhões, e todos os animais que podem trazer dinheiro são exterminados com mortes dolorosas: milhões de baleias são mortas por ano para se fabricar produtos cosméticos... Uma lista interminável poderia ser acrescentada: cobras e lagartos para a pele e cabritos para fazer luvas. Milhões de cangurus são mortos por caçadores "esportivos" que dispõem de veículos terrestres e até helicópteros e projéteis para cegar os animais. Os números são pouco conhecidos, mas chegam a proporções inimagináveis na Austrália, onde acontece, provavelmente, uma das maiores catástrofes do mundo, numa nação que é, contudo, "desenvolvida". As espécies aquáticas são especialmente atingidas com o sucesso destes equipamentos. Os modernos procedimentos técnicos exterminam quantidades consideráveis de peixes, moluscos e crustáceos. Assim, a pesca "de arrastão" se traduz por hecatombes: os peixes que o pescador não quer conservar (a maioria) são jogados de volta ao mar, mortos, e 70% das 200 espécies mais cobiçadas do mundo estão hoje ameaçadas de extinção.

O fato mais grave, entretanto, é a origem, muitas vezes fraudulenta, destas hecatombes: o terceiro comércio ilegal do mundo (depois da droga e das armas) repousa sobre a venda proibida de exemplares da fauna e da flora. Hoje em dia, a "carne silvestre" da África ou da Ásia é procurada nos países desenvolvidos: no ano 2000, no aeroporto de Heathrow, em Londres, foram descobertas 15 carcaças de macacos e 50 toneladas de peixes vindos da África.

Na África central e ocidental mais de 1 milhão de toneladas de carne de espécies suínas, de roedores, elefantes, primatas ou antílopes são consumidas todos os anos. Mas, ao consumo local, somam-se os circuitos comerciais, pois os europeus adoram exotismos. Sem chegar aos grandes tráficos internacionais, registra-se o estranho comportamento dos homens, que nada tem a ver com a mundialização: em 2007, em Bouches-du-Rhône, na França, a polícia prendeu 17 caçadores ilegais que matavam coelhos e passarinhos para vendê-los aos restaurantes; bem equipados, eles possuíam armas proibidas, óculos infravermelhos e fitas gravadas com cantos de pássaros. Tratava-se, portanto, de uma "caça ilegal em escala industrial". Para se defender, estes caçadores disseram que eram "apaixonados pela natureza".

O massacre dos animais

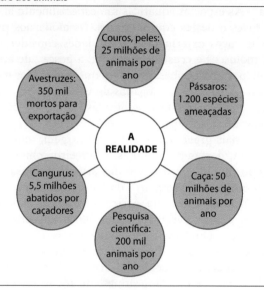

Não há dúvidas de que o que diz respeito à fauna se aplica à flora. Assim, na África, as florestas são destruídas pelas ETNs, que exploram estes ambientes construindo estradas e vendendo a fauna (em Camarões, avalia-se em 800 o número de gorilas mortos por ano). O Senegal perde 350 mil hectares de florestas por ano (incêndios), com todas as consequências previsíveis sobre a fauna. O número médio de árvores por hectare não para de diminuir. A superfície das florestas tropicais destruídas por ano equivale a cerca de 40% do território francês.

A evolução dos rios e riachos é também dramática. Os peritos do Grupo Intergovernamental para a Evolução do Clima (Giec) colocam no primeiro lugar dos efeitos do aquecimento as consequências sobre a água e os rios. Isto é não levar em conta que estes são, há muito tempo, ameaçados por serem utilizados para o transporte, a energia, a pesca e a agricultura, sem falar de sua função como receptáculos de dejetos... O Yangzi Jiang recebe, em ano, 25 milhões de toneladas de águas poluídas vindas das ilhas e zonas industriais.

As barragens modificam os ecossistemas e retêm o lixo. O mesmo acontece com o Ganges: há 25 anos, 35% das espécies aquáticas são exterminadas, e o lixo tóxico navega no rio sagrado que sofre excessivos desvios de suas águas. O título de um livro de um jornalista inglês resume bem o problema: *Quando morrem os grandes rios* (2006). A superexploração pelo homem é incontestável.

Em definitivo, avalia-se, a partir de um estudo de 2005, que cerca de 60% dos serviços prestados pelos ecossistemas que permitem a vida são degradados ou superexplorados. Desde 1950, cerca de 600 mil espécies desapareceram e 40 mil estão ameaçadas. Uma síntese da provável evolução deste quadro (realizada por 1.300 especialistas em 95 países) prevê um agravamento da situação.

3.2 Os "estoques" até a "*global change*"

Uma tomada de consciência tardia e desigual

O impacto das atividades humanas se traduz de diversas maneiras, desde as poluições e destruições até a "mudança global", isto é, rupturas totais e uma nova configuração dos riscos. Problemas não tratados ou novos precisam ser solucionados: o acúmulo de matérias sólidas ou líquidas que são frequentemente perigosas e no mínimo nocivas ao meio ambiente, a gestão ou restauração dos "estoques" (pesticidas, adubos vazados, dejetos diversos) etc. Estas questões, por muito tempo mantidas em silêncio, foram "descobertas" no século XX. Estatísticas avaliam os números inquietantes destes acúmulos sobre as terras e cada vez mais nos oceanos (80% da poluição marinha vem da terra). Assim, o peso médio do lixo produzido por cada casa, por dia, na França, passou de 945 gramas, em 1992, a mais de 1.100 gramas nos dias atuais. Cada parisiense, por ano, chega aos 600 quilos de lixo produzido, e a média nacional ultrapassa 400 quilos.

Este lixo varia conforme os países e as cidades: assim, Gdansk, Riga, Oslo e São Petersburgo batem recordes. Entretanto, uma tomada de consciência se produz, pois, contrariamente à poluição do ar, o fenômeno é muito visível: a triagem e a reciclagem começam a produzir efeitos em alguns países desenvolvidos. O tratamento dos dejetos poderia até contribuir para diminuir o superaquecimento. Assim, o biogás originado da fermentação desses dejetos é composto principalmente por uma mistura de 40% a 60% de metano e gás carbônico. Este biogás pode então ser queimado ou enriquecido para produzir eletricidade e calor.

O aquecimento climático: como explicar

O planeta aquece, e as previsões para 2050 são de aumento de 2 a 6 graus. As atividades humanas são responsáveis pelo fenômeno, mas esquece-se de que o clima sempre evoluiu no decorrer dos milênios: como já foi dito, o clima é "sujeito a flutuações, é objeto de história" (P. George). O congelamento na Europa no início do período quaternário é bem conhecido, mas os documentos relativos aos períodos mais recentes permitem medir esta variação (descida de geleiras, variação dos níveis marinhos etc.). Emmanuel Le Roy Ladurie, em 1967, num livro pioneiro, estuda a "Pequena era glacial" em sua *Histoire du climat depuis l'an mil* (História do clima desde o ano 1000), com seus acidentes climáticos ou os fortes calores da metade do século XIX. É inegável, atualmente, que o homem contribui para aquecer a terra, e que elevações, mesmo moderadas, de temperatura vão provocar efeitos muito graves: ameaça de subida das águas, erosão dos solos, modificação das correntes marinhas ou recuo da calota polar. Diversos cenários são estudados a fim de reduzir, por exemplo, as emissões de carbono: utilização de energias renováveis, captação e estocagem de carbono, etc. Mas trata-se, sobretudo, de modificar profundamente o comportamento humano, em ritmo de "avanço arriscado".

É preciso, portanto, falar de uma "mudança global" que atinja a biosfera. Não se trata unicamente da poluição (o termo é muitas vezes mal-empregado), mas distinguem-se outros perigos: antes de tudo, a redução da camada de ozônio, isto é, uma alteração capaz de provocar efeitos nocivos sobre os homens; depois, o aquecimento (em francês, *effet de serre*, conforme a expressão de C. Fournier, 1824), gerado pela combustão de gases fósseis como o petróleo e as diversas produções industriais, e que provoca sem dúvida um efeito sobre os climas.

Uma medida muito reveladora: a pegada ecológica

A expressão aparece em 1992 num artigo do professor William Rees (Universidade da Colômbia Britânica). Em 1995, ele escreveu, com Mathis Wackernagel, uma obra que desenvolve esta noção. O conceito fez muito sucesso pois substituía as medidas tradicionais, demasiado simplistas. A pegada ecológica pode ser definida e calculada de diversas maneiras.

Para a OCDE, trata-se da "medida em hectares da superfície biologicamente produtiva necessária para suprir as necessidades de uma população humana de determinada proporção". Mais simples e mais clara, a definição de Colin Fudje evidencia a relação entre exploração e espaço: a pegada ecológica é "a superfície geográfica necessária para atender às necessidades de uma cidade e absorver seus detritos". Sem dúvida, tudo depende do sistema de produção dos recursos adotados. Em outras palavras, pode-se dividir a superfície necessária a uma população pelo número de habitantes. Assim, a aglomeração londrina que se estende por 170 mil hectares utiliza na verdade 21 milhões de hectares: ela consome 25 vezes sua superfície. O problema se aplica em particular às cidades que se estendem cada vez mais, exigindo equipamentos pesados.

O crescimento exponencial das necessidades muitas vezes injustificadas, em termos de espaço, coloca não apenas a questão das "megalópoles" (termo inventado pela ONU), mas de todos os espaços urbanos em geral. Tais espaços exigem, para viver, superfícies equipadas superiores em várias dezenas de vezes à superfície de aglomeração. Este índice mede, então, a pressão exercida pelo homem sobre o planeta: é a relação entre a superfície utilizada para viver e para produzir (por uma pessoa, uma cidade, um país) e a superfície real da região. Assim, a pegada ecológica de um americano é, em média, de 9,4 hectares; de 4,8 hectares a de um cidadão da União Europeia. Em compensação, na Índia, se limita (muito provisoriamente) a 0,8 hectare.

A média mundial para um terráqueo é de 2,3 hectares. Em 1961, os homens só utilizavam 70% da biosfera: hoje, esta taxa ultrapassa 120%. Se todos os habitantes da população mundial vivessem como americanos médios, seria preciso dobrar a superfície da Terra...

É verdade que 75% dos recursos do planeta são consumidos por 25% dos habitantes. Os países não favorecidos e emergentes, por múltiplas razões (pobreza, falta de alimento, precisão de ganhar um pouco de dinheiro a qualquer preço), aumentam muito rapidamente suas pegadas ecológicas.

A pegada ecológica

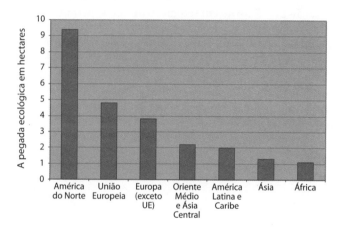

A mundialização, ao acentuar a polarização dos homens em regiões "vencedoras" (litorais, megalópoles etc.) aumenta as desigualdades socioespaciais e as pressões sobre os ambientes naturais: na França, 94% dos cursos d'água estão poluídos. Em 2025, 75% da população do mundo viverão a menos de 60 quilômetros do mar. Num universo virtual, dominado pela imagem e pelo artificial, há um desligamento do ambiente natural. G. Cavallier, em Istambul, havia afirmado que este desenvolvimento sustentável deve ser localizado: cada lugar tem suas restrições, seus trunfos, e um único modelo global ou universal de desenvolvimento é nocivo. O egoísmo e os *lobbies* privilegiam, antes de tudo, seus próprios interesses. Como indica um relatório do Greenpeace, "os automobilistas do mundo inteiro estão dispostos a aceitar seja o que for para que seus tanques de gasolina continuem cheios". É bem conhecida a recusa de G. W. Bush ao Protocolo de Kioto (a ratificação pela Rússia, em setembro de 2004, permite enfim a aplicação deste acordo assinado em 1997). Os Estados Unidos, os maiores poluidores da Terra, dão como pretexto a situação dos países emergentes, que não têm condições para lutar contra a poluição que produzem: 40% das emissões de gases poluentes. A Índia, sozinha, emite 5,6% dos gases aquecedores. Como serão no final do século XXI as relações homem/meio ambiente? É difícil saber.

Capítulo 5

Fortes tendências

Falar da mundialização leva, inevitavelmente, à análise das evoluções irreversíveis, mesmo se o ritmo do desenvolvimento é de difícil avaliação. É preciso manter em mente três tendências dificilmente controláveis: o crescimento da população, a urbanização e a mobilidade dos homens que se deslocam para fugir da miséria, para trabalhar ou para se distrair. Em todos os casos e seja qual for o ritmo, a pressão sobre o meio ambiente vai aumentar e em especial nos países do Sul, muitas vezes frágeis. A questão primordial para o século XXI é o aumento da população, fenômeno muitas vezes esquecido quando se trata do futuro da humanidade.

1. A população: pessimismo ou otimismo?

1.1 1965-2005: 100% de crescimento

"O medo da expansão": um fenômeno antigo

A "explosão demográfica" é um dos assuntos mais explorados nas obras científicas ou pela imprensa; o crescimento considerável (1,2% ao ano), sobretudo nos países pobres, dá origem a conclusões diversas e contraditórias. Há não muitos anos, previam-se 15 bilhões de humanos por volta de 2050! Esta progressão não está ligada à mundialização e, desde meados do século XVIII, o "século das luzes", existe o medo desta expansão. Muitos filósofos tratam do assunto e são bem conhecidas as ideias de Malthus a respeito da "superpopulação": "No grande banquete da natureza, não há mais lugares disponíveis" para o homem que não tem meios, porque "a ordem e a harmonia do festim estão ameaçadas"...

A progressão da ciência contemporânea permitiu a obtenção de informações precisas a respeito da evolução e falou-se de "transição demográfica" (A. Landry), isto é, de um equilíbrio entre uma mortalidade e uma fecundidade que caem após as fases de revoluções demográficas. O resultado deve ser, portanto, nos países pobres, um decréscimo da taxa de natalidade e avanços na saúde. Tudo repousa sobre um equilíbrio entre a população, seu bem-estar e os recursos. Nem por isso a população mundial deixou de aumentar, e o ritmo acelera-se desde o século XVIII. Entre 1600 e 1700, o aumento foi de "apenas" 17%, mas chegou a 65% entre 1700 e 1800, para se limitar a 6% entre 1800 e 1900. Em compensação, entre 1900 e 2000, chega-se a quase 150%! As estatísticas neste terreno devem ser sempre vistas com cautela, pois os recenseamentos são de difícil realização.

Sabemos que, mesmo no século XXI, um terço dos nascimentos não é declarado. Em alguns países africanos ou asiáticos, as margens de erro são consideráveis. Como observa Gérard-François Dumont (2007), mesmo nos "países relativamente desenvolvidos, como o Líbano, estima-se que a margem de erro seja de 1 milhão de habitantes, ou seja, 20% da população".

A Mundialização

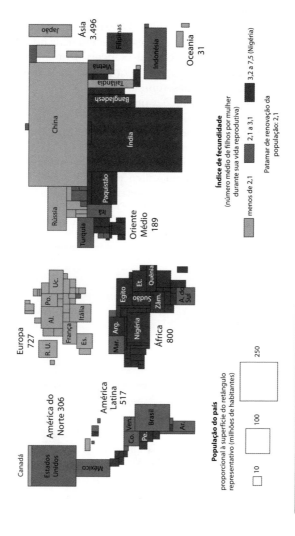

Situações muito distintas

Jean-François Dortier (2007) tem razão quando afirma que a "mundialização produz ao mesmo tempo mais homogeneidade e mais diversidade" e Gérard-François Dumont (2007) considera que "falar de população global não faz qualquer sentido: é como somar bananas com laranjas". De fato, como comparar as diferentes evoluções dos Estados Unidos e do Chad? O fato primordial repousa, portanto, nas desigualdades: há fortes probabilidades de que, em 2025, a Ásia ainda possua 60% da população mundial, mas que os países hoje desenvolvidos não ultrapassem os 15% ou 16%, levando-se em consideração seu fraco crescimento demográfico posterior à fase de transição. Sejam quais forem os cenários estimados, alguns fatos são reais: a crise demográfica na Europa e o envelhecimento da população em vários países em vias de desenvolvimento.

A população mundial (2004-2050)

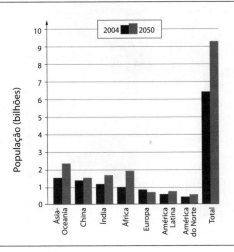

1.2 Profundas alterações

Três cenários possíveis

É bastante provável que a população, em 2010, atinja quase 6,8 bilhões de pessoas. A previsão é de, aproximadamente, 8 bilhões em 2025 e 9,3 bilhões em 2050. O mais grave é que tal progressão acontece nos países em vias de desenvolvimento e, em especial, na África. Neste continente, a população era, em 2004, de 885 milhões de habitantes: a previsão para 2050 é de 1,9 bilhão, um aumento de 119%! Em 95% dos casos, os países que se povoam mais rapidamente são os mais pobres. Em compensação, as nações desenvolvidas viram baixar há muito tempo sua taxa de natalidade. O índice de fecundidade na África deve ser, em média, em 2005-2010, três vezes superior ao da Europa, que, por sua vez, deve ver sua população ser reduzida em 8%, entre 2004 e 2050. É preciso, entretanto, relativizar este cenário catastrófico, e os próprios demógrafos se dividem em relação a este assunto. As estatísticas mais correntes evocam o número de 9 bilhões, que representa a hipótese média: a taxa de fecundidade das mulheres baixaria de 2,6 para 2 (calculando-se o número de nascimentos por mulher em idade de procriar).

Na hipótese "baixa", a taxa de fecundidade diminuiria realmente de 2,6 para 1,5; e, na hipótese "alta", esta taxa só baixaria muito pouco, de 2,6 para 2,5. As Nações Unidas, bastante otimistas, conservam um índice de 1,85 filho por mulher. Atualmente, no entanto, inúmeros países estão longe desta média: a Guiné-Bissau possui uma taxa de 7,10; Uganda, também de 7,10; e o Afeganistão, de 7,48. Na África, o índice continua a se manter entre 4 e 5. Mas, para as Nações Unidas, os países nos quais as taxas são altas deverão conhecer o mesmo modelo de crescimento que os países do Terceiro

Mundo experimentaram entre os anos 1950 e 2000. É, portanto, impossível fixar datas: em 1974, havia-se falado numa estabilização em 12,2 bilhões de habitantes em 2075!

O crescimento demográfico: três cenários

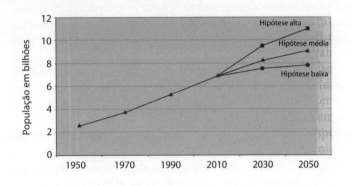

Uma certeza: o envelhecimento

A queda da natalidade acarreta naturalmente, em graus variados, um envelhecimento demográfico. É difícil definir o conceito de "velhice" porque ele é, muitas vezes, arbitrário. A redução da fecundidade é a causa original dessa situação, mas, sobretudo, há a ampliação da esperança de vida. Este envelhecimento não só é desigual no espaço como também contém elementos positivos: sem dúvida, é graças à redução da fecundidade que se poderá produzir uma estabilização.

Por outro lado, inúmeras soluções devem ser consideradas, pois o homem ainda tem perspectivas depois dos 60 anos! No estado atual de coisas, consideram-se evoluções diversas.

A Mundialização

Para os 60 anos ou mais, no horizonte de 2050:

Índia	Brasil	China	Europa	Estados Unidos
18,5%	24,1%	36,8%	34,3%	25,1%

O caso da China é bastante particular, pois está baseado na lei do "filho único" adotada nos anos 1970. Apesar das novas políticas que buscam restabelecer uma natalidade mais equilibrada, o índice de fecundidade continua inferior a 2 e, em 2020, mais de 400 milhões de chineses terão mais de 65 anos. Em compensação, os jovens chineses com idade entre 15 e 19 anos (30,3% em 2005) não serão mais do que 14,5% em 2050.

O envelhecimento, por outras razões, será muito acentuado na Europa, com previsões de 34% da população com mais de 60 anos em 2050 e apenas 15,9% na faixa dos 15-19 anos. A manutenção da fecundidade em taxas muito baixas acarreta o problema do número de pessoas ativas assegurando os encargos de um Estado. Seja como for, por volta de 2040, o percentual de pessoas de mais de 60 anos na população mundial deverá atingir, em média, 21% (contra cerca de 10% no início do século XXI). Fora das estatísticas, a análise do envelhecimento deve ser alterada. Um crescimento demográfico acentuado demais não é desejável: o envelhecimento exige novos métodos de trabalho, novas considerações a respeito da idade da "aposentadoria", novas técnicas. E tudo depende do nível de desenvolvimento dos países.

A discriminação sexista: um drama mundial

Pode-se perguntar qual o lugar deste tema num estudo da população? A resposta é, sem dúvida, essencial: sabe-se há muito tempo que o destino das mulheres e das crianças reflete o nível de desenvolvimento de um país. O problema é antigo e é bem conhecida a famosa frase de São Paulo: "as mulheres devem se cobrir com véus e se calar nas assembleias". É preciso, então, fazer outra pergunta: qual é, hoje em dia, o lugar da mulher na mundialização? Uma boa educação custa caro; o desejo de dar uma instrução acarreta, teoricamente, uma diminuição do número de filhos. O fenômeno que se inicia na Europa no século XIX corresponde à formação das classes médias. Assim, o controle da natalidade passa pelo grau de bem-estar e de liberdade das mulheres. Isto supõe: os mesmos estatutos que os homens, o mesmo acesso à educação, aos cuidados com a saúde, à política; e a possibilidade de limitar, como lhes for conveniente, o número de partos.

Nos dias atuais, apenas seis países, dos 230 existentes, garantem a totalidade destes direitos indispensáveis. Dessa forma, 70% das pessoas vivendo com menos de um dólar por dia são mulheres. Como observa a FAO, as "mulheres alimentam o mundo" no mundo rural, pois produzem 50% dos gêneros alimentícios cultivados. Na Ásia, de 50% a 90% do árduo trabalho dos arrozais é realizado por mulheres. Mesmo sendo "invisíveis" nas estatísticas, elas alimentam os homens e as crianças nas zonas rurais; entretanto, as mulheres são proprietárias de apenas 1% das terras do mundo, aproximadamente.

A mídia e a literatura que evocam com razão as desigualdades no mundo só raramente se estendem a respeito das consequências de uma situação tão grave. E o analfabetismo é o sinal mais dramático desta desigualdade, pois prova que a sociedade do país não tem interesse em educar as meninas... Em inúmeros países o contraste é chocante. No Magreb ou na Argélia, a taxa é ainda de cerca de 40% entre as mulheres, enquanto não ultrapassa os 20% entre os homens. Em resumo, de 1 bilhão de analfabetos no mundo, dois terços são mulheres.

O analfabetismo

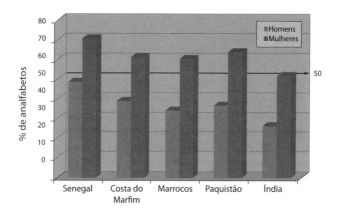

O analfabetismo é apenas um reflexo, entre muitos, da imagem das mulheres em inúmeras civilizações, há milênios: a mundialização não modificou muito a desigualdade. Em 1994, na Conferência do Cairo, Simone Weil, que chefiava a delegação francesa, propôs que a condição das mulheres estivesse "no coração do debate da conferência".

Os exemplos da desigualdade são infinitos: na África, as taxas de infecção pela Aids são de cinco a seis vezes mais numerosas entre as moças de 15 a 20 anos do que entre os rapazes; 99% das mortes maternas ocorrem nos países em vias de desenvolvimento, e na África subsaariana, uma entre cada 16 mulheres vai morrer por complicações no parto ou durante a gravidez.

Com muita frequência, as culturas e as religiões mostraram e continuam a mostrar uma representação arcaica da mulher. Uma antiga canção de Luttar Pradesh declara: "Oh Deus! Eu lhe suplico (...) não me dê uma filha (...) é melhor que me dê o inferno"! Encontram-se provérbios chineses com o mesmo espírito: "educar uma filha é cultivar o campo para outro". Nestas condições, compreende-se o desaparecimento dos nascimentos de mulheres. A ecografia na Ásia teve consequências desastrosas, e os médicos transgridem o segredo do sexo... Os abortos de meninas se multiplicam na China, na Índia e no sudeste da Ásia. Um texto resume assim o problema: "Menos nascimentos, mas um menino a qualquer preço: o aborto seletivo na Ásia" (G. Pison, *Populations et societés*, 2004). Essa discriminação seletiva acarreta um desequilíbrio meninas-meninos e avalia-se que, a partir de 2010, mais de 1 milhão de chineses não poderão se casar. O tráfico de esposas já começa a existir... O destino das mulheres é muitas vezes terrível: casamentos forçados, estupros impunes etc. A Índia é especialmente afetada, e o desaparecimento das mulheres é muitas vezes "misterioso": "causas não naturais", suicídios e "acidentes de cozinha", que são, na maior parte do tempo, crimes disfarçados em 98% dos casos (na Índia, 12 a 14 mulheres por dia).

Desde 1985, 10 milhões de meninas teriam sido mortas em abortos seletivos e, na Índia, a cada quatro minutos uma mulher morre por questões gestacionais, pois elas não costumam ter muito acesso aos serviços de saúde... Entretanto, o país ratificou (com reservas...) a Convenção das Nações Unidas para a eliminação da discriminação em relação às mulheres. Esta violência deriva de diversas motivações que mesclam os costumes e os lucros: dotes julgados muito pequenos, crimes "de honra" etc. Poderiam ser adicionados a este quadro sombrio os milhões de moças mutiladas na África e as meninas vendidas por dinheiro. E, com tudo isso, um estudo do Unicef demonstra que, em média, os filhos de mães não instruídas têm menos chances de acesso ao ensino fundamental. O problema não é financeiro, e sim familiar: por que mandar uma menina para a escola? O "olhar" de algumas culturas é, portanto, discriminatório; com frequência, o peso das tradições e a consciência coletiva fazem da mulher um ser inferior.

2. A mundialização é urbana

O fenômeno é antigo mas, até as revoluções industriais do século XIX, os citadinos são em pequeno número. Em 1800, os habitantes das cidades só constituem 3% da população mundial e em 1900 chegam a apenas a 15%. Ora, em 2050, dois terços serão constituídos por "urbanos". É inútil voltar à delicada definição de cidade, pois, com o desdobramento urbano, o problema se torna cada vez mais complexo e os critérios variam conforme os países. Existem, então, inúmeros fenômenos de urbanização, desde a simples cidade, densa, de contornos bem definidos, até a enorme megalópole.

O Instituto Nacional de Estatísticas e de Estudos Econômicos (Insee), na França, baseia-se com frequência na expansão das áreas construídas, mas esta morfologia urbana nem sempre é pertinente. É muitas vezes necessário considerar "o ar urbano", que compreende as comunidades nas quais pelo menos 40% dos indivíduos ativos trabalham na aglomeração central. Este conjunto vai então da cidade principal até as periferias, as zonas suburbanas e ao hábitat disperso dos campos dos arredores.

Ainda assim, acima dos problemas das definições, uma realidade se impõe: seja qual for a forma assumida pela urbanização, ela cresce rapidamente. Para Françoise Choay, é o "urbano" que substitui a cidade, isto é, a união de um território físico e uma comunidade de habitantes. É a era da urbanização universal, difusa e explodida, que se anuncia, isto é, uma dispersão dos locais. Nestas condições, duas perguntas se impõem: por um lado, qual é a amplitude dessa urbanização que se acelera; e, por outro, quais são as novas estruturas urbanas que se desenvolvem?

2.1 Setenta e cinco por cento de citadinos em 2050?

Na Europa, a retirada do campo começou muito cedo. Entretanto, como observou A. Lewis, em 1850, a Inglaterra "é o único país do mundo a ver sua população agrícola cair a menos de 50% dos ativos". Em 1946, a população urbana francesa representava apenas 25% do total, mas a situação evoluiria rapidamente: 62% em 1961. Esta urbanização afeta então, a princípio, as nações industrializadas, mas depois de 1950 acelera-se o crescimento de vários países do Terceiro Mundo, na Ásia e na África.

Uma atração crescente

O êxodo rural baseou-se, a princípio, na busca por empregos na indústria e na prestação de serviços. Em outras palavras, foi a economia quem primeiro explicou a chegada dos camponeses às cidades. Entretanto, o atrativo político e cultural sempre foi decisivo. A cidade tornou-se, a partir do século XIX, um símbolo: ela passou a concentrar o emprego, as distrações, os serviços impossíveis de encontrar no campo. Muitos citadinos de hoje não fazem mais ideia da duração do trabalho da terra. O problema continua a ser grave nos países em vias de desenvolvimento, mas o atrativo das cidades só faz aumentar. Ele está ligado ao desenvolvimento econômico e técnico e à necessidade de equipamentos das sociedades contemporâneas. A mundialização, contudo, não modificou por completo uma realidade: tanto na África quanto na Ásia ou na Europa a imagem de algumas cidades continua a ser forte e não se pode separar a mundialização e o reforço dos símbolos ligados a certas cidades.

A mundialização transformou as formas de vida urbana, mas isso não impede que a atração seja reforçada. Em nossos dias, este é um movimento mundial. Não é possível impedir

A Mundialização

a urbanização, o funcionamento das cidades se transforma e se traduz por uma extensão e uma conversão das terras: a pressão sobre o campo torna-se cada vez mais forte. Se nos países em vias de desenvolvimento esta expansão das cidades é mais demorada, ainda assim é maciça. Em 2025, a maioria da população dessas áreas será urbana.

Por exemplo, no oeste da África, entre 1960 e 2000, o número de pessoas que viviam em cidades multiplicou-se por 9, a previsão para 2000-2005 é de um aumento de 140%. Em resumo, em 2030, a taxa de urbanização será de 59%. Contrariamente a uma ideia formada segundo a qual a oposição cidade *versus* campo deixará de existir, a atração das cidades nos países em vias de desenvolvimento é irresistível (o processo aplica-se também às nações desenvolvidas). Uma cidade é o reflexo de uma sociedade, mas continua a gozar dos atrativos clássicos: recursos, riqueza humana, esperança de vida melhor etc. e, quase sempre, uma localização favorável.

O êxodo rural: "vazios" inquietantes

Na China, o afluxo dos rurais gera problemas quase insolúveis, e a miséria do campo explica perfeitamente esta mobilidade. A situação dos países em vias de desenvolvimento, entretanto, é naturalmente variada, levando-se em consideração heranças históricas e condições geográficas.

A evolução da população urbana

Continentes	Taxa em 1990 (%)	Taxa em 2005 (%)	% de aumento 1990-2005
América Latina	72	84	97
Ásia	34	60	179
África	34	57	318

A América Latina, há muito tempo fortemente urbana, contrasta enormemente com a África, que permaneceu por muito tempo agrícola mas apresenta as mais altas taxas de urbanização do mundo. J. M. Court (1995) sublinha a originalidade dessa evolução africana: "As cidades crescem sobretudo porque são consideradas locais de oportunidades econômicas e sociais (...), como a única alternativa à emigração para fora do continente." Percebe-se a especificidade regional dessas migrações. Assim, na China, onde a população agrícola continua a aumentar, o êxodo até 1990 foi especial. Os migrantes são jovens, aceitam fazer trabalhos muito duros em condições dramáticas, ainda que a maioria tenha níveis médios de escolaridade. Em compensação, a superpopulação camponesa não impede o crescimento da população dos campos, mas trata-se do *rural non farmer*[3], ou seja, da extensão das atividades dos setores secundário e terciário. Tal êxodo traduz-se pelo abandono de determinadas regiões, e mesmo em nações desenvolvidas observa-se essa desertificação: fechamento das escolas, partida dos comerciantes, desaparecimento dos serviços públicos.

Em 1981, uma obra cujo título se tornou famoso falava da *França do vazio* (R. Béteille); existe, de fato, das Ardenas aos Pireneus, uma "diagonal" em crise na qual as redes urbanas são insuficientes e que não atrai suficientemente os investimentos. A globalização cria "desertos", ou seja, espaços abandonados. Em 1947, Jean-Francois Gravier falava de "Paris e o deserto francês".

Nestas condições, compreende-se melhor o exagero dos contrastes entre "as regiões que ganham" e as periferias que estão em crise. A mundialização aumenta as diferenças espaciais entre as áreas que se esvaziam e as áreas urbanizadas que

---

[3] Rural não agricultor, em inglês no original. (Nota do tradutor)

experimentam uma irresistível ascensão. A mundialização é, antes de tudo, um fenômeno geográfico e existem rupturas e barreiras. Mesmo que a situação tenha evoluído em inúmeros países em vias de desenvolvimento, a globalização aumenta os contrastes. A partir de 2010-2015, as taxas de crescimento populacional rural serão negativas e será preciso receber nas cidades milhões de novos citadinos. A consequência dessa extensão urbana é a conversão das terras agrícolas e florestais para usos urbanos: a agricultura se afasta das cidades.

2.2 A concentração dos poderes

A nova era das cidades se traduz pela dominação de urbes muito grandes, que simbolizam a força de alguns países. As grandes nações modernas tiram seu poder de algumas cidades. Por outro lado, a relação das aglomerações com os territórios modificou-se em consequência dos novos meios de comunicação.

Fatores de sucesso

A mundialização e as tecnologias da informação permitem às cidades "funcionar" de outro modo. A influência de uma cidade não se limita às regiões próximas mas, paradoxalmente, aos intercâmbios imateriais, muitas vezes distantes e variáveis. É preciso produzir depressa e, se necessário, mudar de lugar, de mercado, de comunicação com muita rapidez. Na verdade, a cidade se situa no mundo da competição, submetida à velocidade e à incerteza. O desenvolvimento dos transportes fez sem dúvida "explodir" a cidade moderna, que está em permanente movimento. Na atualidade, o interior específico de cada cidade não tem mais o mesmo valor, pois as grandes metrópoles são às vezes mais ligadas entre si do que com seus próprios territórios. Hoje em dia, é a acessibilidade que se torna o melhor meio para que uma aglomeração se imponha, mas suas qualidades se originam de diversas fontes. Assim, a posição não pode ser modificada e não é por acaso que se prevê que, em 2025, 75% dos habitantes do mundo viverão nos litorais ou sobre uma faixa de, no máximo, 60 quilômetros. Em 2005, nas 10 primeiras áreas urbanas do planeta, oito estão no litoral ou em suas proximidades. E algumas cidades estão hoje suficientemente próximas para formar uma única aglomeração.

Área urbana	País	Número de habitantes
Tóquio (Yokohama, Kawasaki, Chiba)	Japão	35.197.000
Seul (Bucheon, Goyang, Seongnam, Suweon)	Coreia do Sul	22.742.000
Nova York (Newark, Paterson)	Estados Unidos	21.903.623

Deve-se, portanto, aplicar às cidades o que Robert Reich (1993) escreveu a respeito da mundialização: "a riqueza dos mais competentes" aumenta enquanto o nível de vida "dos menos qualificados" se reduz. Assim, fatores de sucesso são bem conhecidos: a cidade deve estar bem situada nos eixos mundiais e nacionais, possuir estruturas econômicas e sociais atraentes, ter um patrimônio histórico e uma política cultural que permitam grande difusão; a estas qualidades soma-se a existência de um meio ambiente natural e urbano de boa qualidade.

Locais de poder

Nesse contexto, uma terminologia foi criada para dar nomes aos novos formatos das cidades: "cidades globais", "mundiais", "megalópoles" ou "cidades móveis". Tais tentativas se

A Mundialização

explicam muitas vezes pela perplexidade dos observadores perante uma evolução complexa. Não se deve, entretanto, esquecer que, a longo prazo, as estruturas se transformam. É preciso, então, fazer sempre uma distinção entre dois tipos de cidade.

A *megalópole* é uma aglomeração de grande importância demográfica (mais de 10 milhões de habitantes) e caracteriza hoje inúmeras cidades dos países em vias de desenvolvimento, como Lagos ou Jacarta. Exemplos podem também ser encontrados nos países industrializados. Em todos os casos, trata-se de cidades que representam um grande papel econômico. Com muita frequência, a extensão é anárquica e desordenada, com imensos subúrbios muito pobres.

A *megalópole* é também vasta e muito povoada, mas a esta característica quantitativa soma-se o poder. O termo "megalópole" foi inventado por Jean Gottmann para designar a região urbana do nordeste dos Estados Unidos, de Boston a Washington, e pode ser aplicado atualmente a muitas regiões, tão variadas quanto Seul, Xangai ou Los Angeles. Em outras palavras, trata-se de aglomerações que concentram capital, sedes sociais de empresas mundiais, centros de comando diversos. A tais megalópoles associam-se as funções mais prestigiosas. São conhecidos os valores simbólicos dos arranha-céus de Nova York e, hoje, várias cidades querem copiar Manhattan. Esses prédios enormes expressam o dinamismo de uma cidade; as funções de alto nível transformam naturalmente tais aglomerações em "cidades mundiais".

As grandes empresas permanecem, então, nas cidades que possuem serviços excepcionais e tomam decisões (fabricação, produção) que dizem respeito a todo o mundo, pois essas "cidades mundiais" precisam de territórios e de mão de obra. A ideia do *arquipélago planetário* é, portanto, muito diferente da antiga noção de "aldeia global" de MacLuhan: nesse caso, a ênfase é colocada na unidade e na homogeneidade e, por sua vez, o arquipélago supõe a diversidade e a heterogeneidade. Esta superconcentração das atividades é assim um fator de desigualdades, ao mesmo tempo sociais e econômicas. O aperfeiçoamento das técnicas, paradoxalmente, não difunde as atividades de forma homogênea. Sem dúvida, assiste-se à dominação dessas "cidades globais" (tema desenvolvido pela economista americana Saskia Sassan) ou, se preferirmos, *global cities* ou *world cities*. Elas são poderosas e tornam-se os verdadeiros protagonistas da mundialização. Esta concentração acarreta uma dispersão da produção e deslocalizações incessantes, ditadas por quem decide a vida global: conselhos econômicos e jurídicos, serviços de publicidade e mercados de consumo.

Um "arquipélago megalopolitano mundial " (AMM)

A expressão foi introduzida por Olivier Dollfus, que analisou este novo sistema complexo que interliga as grandes metrópoles do planeta. Existem na verdade redes em diversas escalas: ou se trata das comunicações entre as cidades dominantes ou, em escalas mais modestas, de redes nacionais ou locais. Assim, podemos citar, na Europa, Londres, Bruxelas, Paris, Frankfurt e Milão; ou, no interior da França, Lille, Paris, Lyon e Marselha. Estas ilhas do arquipélago megalopolitano mundial monopolizam em suas redes a essência do tráfego aéreo e dos fluxos de comunicação. Por outro lado, 90% das operações financeiras são nelas decididas, e as pesquisas científicas quase sempre se instalam nestes locais privilegiados e equipados. Estas "ilhotas de comando" pesquisam recursos em escala mundial e as megalópoles são, ao mesmo tempo, interligadas e competidoras. Existem "ilhas" mais poderosas

A Mundialização

do que outras, mas vamos mais uma vez encontrar a famosa tríade: Estados Unidos, Europa, Japão. O modelo clássico da cidade-centro que polariza sua periferia torna-se ultrapassado por conta dos intercâmbios não materiais.

3. A era da mobilidade

As estruturas estão em movimento perpétuo e, como já havia dito Paul Valéry em 1945, "os homens se habituam a considerar qualquer conhecimento como transitório, toda condição de sua indústria e de suas relações como provisória". Esta mobilidade tem, entretanto, muitas causas, pois se pode emigrar para trabalhar, fugir de seu país ou viajar por prazer.

3.1 Migrações ligadas ao trabalho

Opõem-se então as migrações forçadas, tanto internas quanto para outros países, às migrações de trabalhadores não qualificados ou, ao contrário, à "fuga de cérebros".

As saídas da miséria

As migrações humanas são tão antigas quanto a humanidade. Conhecemos as conquistas do Império Romano, as Cruzadas e as descobertas da América. Entretanto, o espetacular desenvolvimento dos transportes e as desigualdades econômicas fomentam cada vez mais deslocamentos. As saídas dizem respeito, antes de tudo, às populações dos países pobres que emigram para regiões com elevado nível de vida.

É difícil avaliar estas correntes muitas vezes clandestinas mas, a partir dos anos 1990, o número de migrantes aumentou em 23%. É preciso, porém, ser cauteloso em relação às estatísticas muito difíceis de serem estabelecidas. Seja como for, são múltiplas as razões para partir. Podem ser distinguidos, de modo simplificado, vários tipos de motivação: antes de tudo, a pobreza, a miséria e a falta de trabalho, sobretudo nos países em vias de desenvolvimento. Existe, assim, uma "mundialização por baixo", ou seja, a partida de homens e mulheres dos países pobres e inseguros: é realmente o medo que determina a saída. Trata-se de "migrações forçadas", pois essas pessoas não têm escolha. Pode ser o caso do Iraque ou de diversas regiões africanas. Assim, os combates entre os revoltosos islamitas e as forças governamentais da Somália provocam um êxodo maciço das populações de Mogadíscio. A ONU avalia em 321 mil pessoas o número de migrantes, que poderia chegar a meio milhão. Cinquenta por cento dessas migrações forçadas dizem respeito à África subsaariana.

Em compensação, começa a aumentar outro tipo de migração: a "fuga de cérebros". Ela corresponde aos desejos das elites, ou seja, dos trabalhadores qualificados que esperam encontrar funções dignas de suas competências. Neste caso, o exílio é voluntário.

Os três tipos de emigração

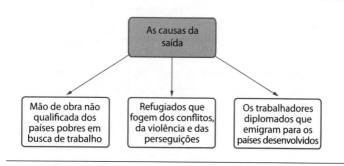

A Mundialização

Saída por escolha

É incessante o aumento da demanda internacional por pessoal qualificado. Trata-se de uma nova característica da mundialização. Em 1990, a OCDE totalizava 13 milhões de trabalhadores deste tipo, dos quais mais da metade se origina de países em vias de desenvolvimento. Os Estados Unidos recebem grande parte desses migrantes, assim como a OCDE. Estudantes diplomados de países pobres tentam a sorte no exterior com muita frequência: é o caso dos jamaicanos (80%) ou dos trabalhadores da África subsaariana.

Estes fluxos são variáveis e, na Ásia (com exceção da Índia), a proporção dessas saídas é menor. Seja como for, os Estados Unidos acolhem majoritariamente os "cérebros" e "captam a massa cinzenta", pois "40% dos residentes estrangeiros têm nível universitário" (Catherine Wihtol de Wenden, 2007). Assim, de 1960 a 2000, o número de estudantes que foram para o exterior aumentou em 7% ao ano. A grande novidade é a mundialização destes fluxos migratórios de estudantes e especialistas. Até a década de 1960, estas migrações se faziam, em geral, de país para país em função das heranças, dos costumes, da proximidade. Assim, também a França fazia trocas deste tipo com suas colônias. Hoje, é a reputação, a imagem, o que conta neste espírito de competição. Oitenta e oito por cento destes fluxos de estudantes dirigem-se para os países da OCDE. Os estudantes do Sul têm atualmente um papel essencial. O caso da Índia é interessante porque inúmeros trabalhadores qualificados se expatriam, mas um pequeno número volta ao país todos os anos para, eventualmente, fundar empresas.

Países emitentes e países receptores

Todas as nações participam destes fluxos migratórios. Ainda assim, os Estados são afetados de formas bastante diversas por estes deslocamentos.

Uma divisão desigual dos migrantes				
Europa	América do Norte	Ásia	África	América Latina e Caribe
34%	23%	28%	9%	4%

Sabe-se hoje que mais de 60% destes migrantes vivem em países desenvolvidos: um reduzido número de Estados (12%) recebe 75% dos que chegam. Os Estados Unidos estão no primeiro lugar entre os países de destino. Esta imigração é complexa, pois pode ser o caso de latino-americanos que tentam entrar pelo sul do país, no Texas ou na Califórnia, mas que também podem ser trabalhadores qualificados. O fato é que 40% dos residentes estrangeiros possuem níveis superiores ao *baccalauréat* francês. Existe, assim, uma verdadeira hierarquia dos emigrantes.

Cada região tem sua especificidade. Os três principais países de destino são os Estados Unidos, a Rússia e a Alemanha (9% de estrangeiros). No último caso, a proporção duplicou desde 1989. O caso da Rússia é mais complexo. Na realidade, neste país, a população está em crise, e o número de jovens diminui. As migrações devem, portanto, representar um fator essencial para a população ativa do futuro, e a Federação da Rússia tem por isso interesse em facilitar a entrada dos imigrantes, sobretudo no que se refere à mão de obra de baixo custo. Esta necessidade de trabalhadores corresponde, assim, à diminuição da população, que representa 142 milhões de habitantes e não passará, de acordo com as estimativas do Centro de Demografia, de 86 milhões em 2050, se não houver alterações na evolução do quadro migratório. Seja como for, as migrações se tornam um elemento fundamental da mundialização, com consequências muito importantes.

A Mundialização

3.2 Os fluxos turísticos: quase 1 bilhão de viajantes

O turismo é outro tipo de migração. Pode parecer curioso comparar este tipo de deslocamento às migrações da miséria, mas trata-se, realmente, do mesmo princípio de mobilidade ligada à mundialização. Ele mostra as desigualdades do mundo contemporâneo.

"O símbolo da mundialização"?

O turismo está intimamente ligado à mundialização. O caráter do turismo está particularmente ligado à liberalização do comércio internacional, que pode ter suas vantagens e seus inconvenientes. A Organização Mundial do Turismo (OMT) estima uma progressão anual média de 4,1% até 2020. Este organismo, aliás, deu a seguinte definição de turismo: trata-se do "conjunto das atividades desenvolvidas pelas pessoas no decorrer de suas viagens nos lugares situados fora do seu ambiente habitual, com finalidades de diversão, negócios ou outros motivos". Pode-se discutir tal interpretação e é preciso observar que existem tantas definições quantos são os autores. Um fato, entretanto, é indiscutível: o turismo é responsável por fluxos consideráveis de pessoas, possíveis graças à diversidade dos meios de transporte, ao conhecimento do mundo dado pelas imagens, à elevação dos níveis de vida em inúmeros países.

O turismo: fator de mobilidade e de mundialização

"O século XXI caracteriza-se pela 'explosão' dos fluxos de intercâmbios e deslocamentos humanos, reduzindo, simultaneamente, as escalas de tempo e de espaço da 'aldeia planetária'." O turismo está, assim, na origem de fluxos cada vez mais importantes. "Graças aos espetaculares progressos qualitativos e quantitativos dos meios de transporte — terrestres, marítimos e aéreos —, nada mais parece ser obstáculo à mobilidade dos homens e das mercadorias, com exceção de seu custo econômico e seus riscos geopolíticos. Neste cenário, há mais de um século, a formidável expansão do turismo, em escala planetária, é um fator de mobilidade e de mundialização, comparável por seus impactos econômicos, geográficos e humanos, à difusão dos hidrocarburetos sobre todos os mares e todos os continentes." Em 2006, o número de turistas já estava em 842 milhões e este número não para de crescer. "De fato, em 2007, mais de 800 milhões de pessoas terão gerado um grande número de fluxos internacionais sem ignorar, ou quase, uma única parte do globo, do Oceano Ártico ao continente Antártico. Ainda mais do que simples lazer, com mais de 200 milhões de ativos e 7% do valor dos intercâmbios internacionais, o turismo representa atualmente um dos setores-chave do emprego e da economia mundial. Engordada pela internet, a mundialização turística está em vias de se tornar uma realidade." "Entretanto, isto vem demonstrar que se trata ainda de uma mobilidade e de uma mundialização particularmente reveladora das desigualdades Norte/Sul: os países do 'Norte', em essência países com alto nível de vida, são ainda os principais locais de emissão de turistas, com mobilidades cada vez mais numerosas, enquanto os países do 'Sul', em sua maioria países pobres, países emergentes (Brasil, China...) ou países 'reemergentes' (Rússia, Polônia...) são antes de tudo locais de recepção turística."

J-P Lozato-Glotart.
Géographie du tourisme, 2ª edição,
Éditions Pearson, Paris, Londres, New York

O turismo é hoje, provavelmente, o setor mais liberalizado, e o número de países que não aceitam tal liberalização é muito baixo. Já em 1994, o Acordo Geral do Comércio de Serviços (AGCS) renegocia com a OMC a liberação de todos os serviços, quer se trate de educação, água, transportes ou turismo. Muito liberais, as recomendações do AGCS não querem subvenções para os serviços, pois isto constituiria um obstáculo ao comércio mundial (o que chama a atenção para o poder das nações). Entretanto, para o AGCS, a liberalização seria útil para as nações pobres: podem ser reconhecidas as ideias de alguns economistas como David Ricardo. Nessas condições, é preciso impedir qualquer limitação à abertura; o artigo XIX do AGCS prevê, entretanto, "negociações sucessivas", pois "o nível de liberalização deve se elevar progressivamente". Assim, um determinado país não deve contrariar os fornecedores de serviços de outro Estado nem privilegiar os fornecedores nacionais.

O turismo ocupa um lugar especial por representar mais de um terço das exportações mundiais de serviços. Dessa forma, a OMT goza de uma posição especial perante a ONU desde 1977 e tornou-se um organismo especializado em 2003. São necessárias, porém, medidas específicas que consideram um desenvolvimento durável e os interesses do país em vias de desenvolvimento. Além de todas as consequências sobre o meio ambiente geradas por um turismo sem restrições, coloca-se a questão do futuro, ainda que hoje um amplo consenso da maioria dos países se baseie nas vantagens da abertura.

Os sucessos das "grandes viagens"

Das 1.561 milhões de chegadas previstas para 2020, grande parte é de turismo intrarregional, mas o turismo distante se expande. É a Europa que continua em primeiro plano, mas a Ásia está em plena evolução e, a partir de 2010, a América deve perder seu segundo lugar, tornando-se a China o primeiro destino mundial.

FGV de Bolso

A chegada de turistas internacionais em 2020 (projeção, em milhões)

Ásia do Leste e Pacífico
397 milhões de chegadas

Europa
717 milhões de chegadas

África

Américas

0   5.000 km

100 milhões de chegadas

A Mundialização

Países	Chegada em milhões	Percentual do mercado
1- China	130,0	8,3
2- França	106,1	6,8
3- Estados Unidos	102,4	6,6
4- Espanha	73,9	4,7
5- Hong Kong	56,6	3,6
6- Reino Unido	53,8	3,4
7- Itália	52,5	3,4
8- México	48,9	3,1
9- Rússia	48,0	3,1
10- República Tcheca	44,0	2,8

Fonte estatística: Organização Mundial do Turismo (OMT)

Assim, o turismo simboliza bem a mundialização, com seus sucessos, seus fracassos, suas desigualdades. Ele corresponde, sobretudo, à imagem do mundo que todos os habitantes da Terra têm hoje em mente. Como disseram com brilhantismo Peter Gould e Rodney White em *Mental Maps*, em 1974, "os contrastes entre os atributos 'daqui' e 'de lá' sempre apaixonaram os geógrafos humanos, pois são exatamente as diferenças entre os lugares que ocasionam a movimentação dos bens, das pessoas e das informações". Trata-se de localização no sentido relativo, ou seja, "em termos de custo e de tempo de transporte em relação a outros lugares com os quais os intercâmbios de bens, mensagens, pessoas ou dinheiro poderiam ser feitos".

Entretanto, nos estudos sobre a mundialização, o turismo é, muitas vezes, esquecido, enquanto aparece sempre como o terreno privilegiado do desenvolvimento sustentável. Na verdade, uma reflexão sobre este assunto aplica-se a inúmeros países e setores muito variados da indústria e dos serviços, ainda mais porque esta atividade liberalizada proporciona enormes receitas às regiões e às empresas. Na atualidade, os turistas internacionais são oriundos dos países desenvolvidos, e 75% das receitas se fazem entre as nações ricas, para onde, aliás, vão 80% destes turistas. Duzentos e trinta milhões de pessoas vivem do turismo (sem contar os 500 milhões de empregos indiretos...).

Capítulo 6

Do mundial ao local

1. Um encaixe de sistemas

O conceito de sistema surgido nos anos 1960 designa um conjunto de elementos em interação dinâmica, organizados em função de um objetivo: uma usina produz veículos, um hospital deve tratar, uma escola deve instruir e assim por diante. A palavra sistema vem do grego *systema*, que significa "conjunto organizado". "Todo sistema, com exceção do universo, é um subsistema de outro sistema" (M. Bunge, 1986). São conhecidos os trabalhos de Ludwig von Bertalanffy, de 1968, a respeito do assunto e qualquer análise da mundialização deve partir dessa imbricação dos espaços.

1.1 Uma governança global?

Os organismos mundiais: simples administrações?

Ignorar a dimensão geográfica da teoria dos sistemas é ignorar a mundialização e seus efeitos. Para atingir seus objetivos, um sistema deve possuir recursos. Existem sistemas de tamanhos diferentes e os espaços são "adaptados", da macrorregiao para o "lar", território da dimensão do cantão, do bairro, da rua, da casa: existe, portanto, uma hierarquia. Um *sistema* é aberto, recebe fluxos, evolui, transforma-se, morre ou se desenvolve. Concretamente, a análise de sistema permite compreender que a cada escala geográfica (o mundo, o Estado, a região ou a comunidade) corresponde uma organização. Esta superposição demonstra as relações que unem os diferentes níveis de análise espacial: a casa faz parte da aldeia que se situa numa região, que está incorporada a um Estado, que também é integrado ao "sistema-mundo".

Os atores da mundialização têm então objetivos diversos e o egoísmo domina; uma empresa, por exemplo, deve fazer lucro, e as organizações internacionais (como o BIT ou a ONU) têm finalidades diferentes, quando não contraditórias. Tais organizações buscam o bem-estar coletivo ou individual, e os objetivos podem ser econômicos, sociais (educação e saúde) ou ecológicos. A lógica comercial das ETNs nem sempre coincide com o preparo e o desenvolvimento de um território perante as exigências da globalização e a humanidade deve responder às imposições da rentabilidade. Estes objetivos opostos são cada vez mais numerosos com a mundialização, pois os atores são hoje confrontados pelas organizações antimundialistas e altermundialistas, pelos Estados — eles próprios divididos — e pela extraordinária diversidade das sociedades, sem falar nas ideologias.

Desde a II Guerra Mundial, multiplicaram-se os grandes organismos mundiais. A Guerra Fria e os protecionismos limitaram por muito tempo essa busca por alianças; com a liberalização dos intercâmbios, criaram-se agrupamentos regionais, unindo países vizinhos ou identificados por culturas comuns. A Organização das Nações Unidas, por exemplo, teve por objetivo "preservar as gerações futuras do flagelo da guerra"

A Mundialização

(preâmbulo da Carta). De fato, os Estados vencedores, em 1945, lembravam-se do fracasso da Sociedade das Nações, criada no imediato pós-guerra de 1914-1918 a fim de evitar os conflitos. Desde então, as instâncias mundiais tornaram-se muitas. Assim, a ONU se subdivide em seis organismos principais, como a Assembléia Geral ou o Conselho de Segurança, aos quais se devem acrescentar várias dezenas de outros órgãos especializados, como o Banco Mundial ou o FMI.

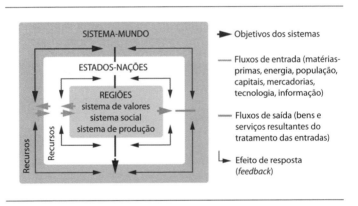

As instituições internacionais

Nomes	Fundação	Número de Estados-membros	Funções
ONU (Organização das Nações Unidas)	Fundada em 1945	192 Estados-membros	Assembleia de negociação. Objetivo: adoção de projetos de interesse mundial
CPI (Corte Penal Internacional)	Fundada em 1998	Sede em Haia, 104 "Estados-partes"	Tribunal permanente para julgar pessoas suspeitas de crime contra a humanidade

Continua

Nomes	Fundação	Número de Estados-membros	Funções
Banco Mundial	Criado em 1945 com o nome de Banco Internacional para a Reconstrução e o Desenvolvimento	184 Estados-membros	Seu papel: financiar os Estados e reduzir a pobreza
FMI (Fundo Monetário Internacional)	Fundado em 1944	184 Estados-membros	Instituição internacional encarregada de fornecer créditos aos países em déficit
OMC (Organização Mundial do Comércio)	Fundada em 1995	150 Estados-membros	Organização que substituiu o Gatt. Seu alvo: fixar as regras do comércio internacional
G8	"Clube" dos países mais industrializados, criado em 1975	Estados Unidos, Reino Unido, Alemanha, França, Japão, Itália, Canadá e Rússia	Determina objetivos políticos ou financeiros que procura fazer adotar

A geografia confirma seus direitos

A distância ou a proximidade, a despeito dos contornos transmitidos pelas fronteiras, representa o principal papel. As alianças regionais entre nações são muito antigas, quer se trate do Zollverein (União Germânica de Costumes) entre os Estados alemães do século XIX ou do Conselho de Assistência Econômica Mútua (Caem), fundado em 1949, que reagrupa as democracias populares em torno da URSS. A partir das décadas 1980/1990, justapõem-se duas fortes tendências: por um lado, a globalização e a integração das economias planetárias e, por outro, uma lógica regional que associa os Estados de uma mesma zona geográfica. Esta proximidade não é sinônimo de unidade cultural ou econômica, mas é bastante evidente que o afastamento acentua as diferenças.

F. Braudel menciona, a propósito da Europa, "um espaço material (...) formado muito cedo, que se parece com um mosaico". De fato, vista de perto, ela é variada, mas, "vista do alto, revela nítidas intenções de conjunto". O escritor Arthur Koestler, por sua vez, voltando em 1961 de uma viagem à Ásia, constata, a propósito da Europa, que ela é coerente se a olhamos das Índias ou do Japão; temos, neste caso, consciência de sua "história-única-no-espaço", de sua "unidade-na-variedade" e de sua "continuidade-na-mudança".

A criação de um número muito grande de uniões econômicas, mais ou menos profundas, bem-sucedidas ou fracassadas, caracteriza assim a época atual. F. Gipouloux constata que estas convergências econômicas não estão ligadas apenas a uma contiguidade dos Estados. A Austrália ou a Nova Zelândia são "próximas" do Reino Unido pela língua e por instituições comuns. Assim, a cooperação é muitas vezes a conclusão de uma longa história. Com frequência, estas "novas regiões" econômicas não fazem mais do que regulamentar os fluxos existentes há séculos. Elaboram-se ainda "blocos" regionais (como a União Europeia dos 27, o Acordo de Livre-Comércio Norte-Americano — Alena — Nafta em inglês — para a América do Norte ou o Mercosul para a América do Sul). Trata-se de uma verdadeira recomposição das alianças; os Estados sempre mantiveram relações bilaterais; hoje em dia, multiplicam-se as conexões multilaterais.

Porém, vemos a Tríade nessa nova organização planetária; é na verdade em torno dos três polos dominantes (Estados Unidos, Europa, Japão) que se ordenam estas zonas econômicas de livre-comércio. Mas o desenvolvimento de novas

potências, como a Índia, a China, os dragões da Ásia, os nacionalismos exacerbados de algumas nações e o medo de um
imperialismo americano complicam este jogo sutil das alianças. Os estatutos são muito variados. Podem-se a princípio
distinguir as zonas de livre-comércio nas quais desaparecem
as barreiras alfandegárias entre países vizinhos: trata-se de
uma série de tarifas comuns que se aplicam no exterior da
própria zona. Assim, tanto a União Europeia quanto o Mercosul são verdadeiras uniões alfandegárias; já o Alena (Nafta)
não passa de uma zona de livre-comércio.

Seja como for, estes acordos regionais favorecem uma integração no interior de uma zona geográfica. A Tríade domina
os mercados mundiais em razão de seu poder, e os países da
periferia tentam ser admitidos nestes "clubes" privilegiados.

Em torno destes polos mais importantes agregam-se Estados que gostariam de se integrar a eles, por seu dinamismo.
A União Europeia, forte em suas tradições coloniais, mantém
relações com a África e a América do Sul. Diante destes agrupamentos, surgem zonas menos favorecidas: a África negra
oferece poucas uniões verdadeiras, mesmo que possua organismos oficiais com nomes impressionantes, como a Comunidade
Econômica dos Estados da África Central (Ceeac) ou a Comunidade Econômica dos Estados da África Ocidental (Cedeao).
No Mediterrâneo e no Oriente Médio, onde se multiplicam as
crises, da Argélia a Israel, da Líbia (sob embargo) ao Irã, não há
ainda "esboço de um verdadeiro reagrupamento regional" (F.
Godement): nem por isso deixa de ser preciso observar — fora
da Comunidade de Estados Independentes (CEI), herdada da
ex-URSS — que surgem algumas "regiões" planetárias.

As grandes organizações regionais

A *União Europeia* substitui a Comunidade Econômica Europeia desde 1º de novembro de 1993. Construção já antiga e

A Mundialização

progressiva, essa "região" aumentou pouco a pouco, passando de seis para 27 membros em 1º de janeiro de 2007. Inúmeros países querem se integrar à UE, mas o caso mais discutível é a Turquia. Em sua origem, a União diz respeito a nações próximas, de nível econômico elevado: trata-se, essencialmente, da Europa do Noroeste (exceto o Reino Unido). Pouco a pouco, os acordos industriais se estenderam a uma política agrícola comum e ao projeto de uma moeda única. O aumento do número de Estados-membros acentua as distâncias entre os mais ricos e as nações menos desenvolvidas. O PIB por habitante (na paridade de poder de compra) de Luxemburgo é 70 vezes superior ao da Letônia. A UE conta hoje com cerca de 492 milhões de habitantes e seu PIB chega a aproximadamente US\$ 13,7 bilhões. Entretanto, os europeus têm medo da mundialização: só a União pode enfrentar a concorrência americana ou asiática. A adoção da união monetária, com o euro (1º de janeiro de 2002), tem efeitos positivos e negativos, de julgamento ainda difícil.

O Alena (Nafta) compreende os Estados Unidos, o Canadá e o México desde 1º de janeiro de 1994. É uma zona de livre-comércio que ambiciona incorporar toda a América como "uma zona de livre-comércio das Américas". Ratificado no outono de 1993, o Alena consagra a vitória da expansão americana. Este mercado considerável reúne nações cujas potencialidades econômicas são colossais. Entretanto, tal união reúne identidades culturais diferentes: como constata P. Villeneuve (Universidade de Laval, Quebec), "o México, tradicionalmente reconhecido como fazendo parte da América Latina, une-se ao que se chamava, há até bem pouco tempo, e erroneamente, de América anglo-saxã. Terá continuidade este movimento pan-americano?"

Nomes	Criação	Estados-membros (datas de adesão)
Alena (Acordo de Livre-Comércio Norte-Americano – Nafta em inglês)	1º de janeiro de 1994. Previsão de uma abertura progressiva das barreiras alfandegárias total em 2010. 406 milhões de habitantes.	Prolonga acordos dos Estados Unidos com o México (1987) e o Canadá (1988).
União Europeia	A UE entrou em vigor a partir do Tratado de Maastricht, a 1º de novembro de 1993. Ela agrupa antigas uniões como a Comunidade Europeia do Carvão e do Aço (Ceca), criada em 1951, e a Comunidade Econômica Europeia (CEE), fundada pelo Tratado de Roma em 1957.	27 Estados: Alemanha, Áustria, Bélgica, Bulgária, Chipre Dinamarca, Espanha, Estônia, Finlândia, França, Grécia, Hungria, Irlanda, Itália, Letônia, Lituânia, Luxemburgo, Malta, Países Baixos, Polônia, Portugal, República Tcheca, Romênia, Reino Unido, Eslováquia, Eslovênia, Suécia. Países candidatos: Macedônia, Croácia, Turquia.
Mercosul (Mercado Comum do Sul – comunidade econômica dos países da América do Sul)	Criado em 1991, depois do Tratado de Assunção. Passou a vigorar em janeiro de 1995. É um mercado integrado, como a União Europeia.	Membros permanentes: Argentina (1991), Brasil (1991), Paraguai (1991), Uruguai (1991), Venezuela (2006). Países associados: Bolívia (1996), Chile (1996), Peru (2003), Colômbia (2004), Equador (2004). Em 2007, no Rio de Janeiro, a Bolívia e o Equador solicitaram sua adesão.
Apec (Asia Pacific Economic Cooperation)	Fundada em 1989. Esta Cooperação Econômica da Ásia e do Pacífico tem como objetivo o crescimento econômico graças à cooperação. Agrupa um terço da população do mundo.	Austrália (1989), Brunei (1989), Canadá (1989), Coreia do Sul (1989), Estados Unidos (1989), Indonésia (1989), Japão (1989), Malásia (1989), Nova Zelândia (1989), Filipinas (1989), Cingapura (1989), Tailândia (1989), China (1991), Hong Kong (1991), Taiwan (1991), México (1993), Papua-Nova Guiné (1993), Chile (1994), Peru (1998), Rússia (1998), Vietnã (1993).
Ansea (Associação das Nações do Sudeste Asiático – em inglês, Asean)	Fundada em 1967 por cinco Estados do Sudeste da Ásia. Tornou-se zona de livre-comércio a partir de 2002.	Indonésia (1967), Malásia (1967), Filipinas (1967), Cingapura (1967), Tailândia (1967), Brunei depois da independência (1984), Vietnã (1995), Laos (1997), Birmânia (1997), Camboja (1999). Em 2006, o Timor Oriental apresentou sua candidatura.

O Mercosul une os Estados da América Latina que constituem o chamado Cone Sul: Argentina, Brasil, Uruguai e Paraguai. Fundado em 1991, constitui uma verdadeira união alfandegária; o Brasil é a locomotiva desta região. A Bolívia acaba de se unir a este agrupamento e o Chile é membro associado. De acordo com a OCDE, este conjunto se comporta muito bem, e progridem os intercâmbios entre os Estados-membros. Entretanto, o **PIB** regional é de apenas um 12 avos do da União Europeia (o Paraguai ostenta um PIB por habitante que é um sétimo do PIB dos Estados Unidos). São Paulo se tornará, provavelmente, o coração dessa organização econômica que se estende por 12 milhões de Km^2.

A Apec visa reforçar os laços econômicos e os investimentos da Ásia-Pacífico. Há o desejo de realizar os "Objetivos de Bogor", isto é, a criação de uma zona completa de livre-comércio e investimentos, até 2010 para os países mais desenvolvidos e até 2020 para os outros. A Apec representa hoje 47% do comércio mundial, com 2,6 bilhões de habitantes, e foi a região que teve as maiores taxas de crescimento no final do século XX.

O problema é, então, saber qual a eficácia desses organismos. Para Saskia Sassen, tal "proliferação não significa de modo algum o fim dos Estados nacionais". Os aparelhos de um Estado devem obrigatoriamente levar em consideração os sistemas internacionais: estes "agenciamentos híbridos (...), tradicionalmente dependentes do Estado nacional, articulam-se com os do sistema supranacional" (2007). O global e o nacional são interdependentes, pois ambos estão encaixados e de modo algum em oposição permanente. Cada país está também ligado a sistemas regionais, como a União Europeia. A mundialização coloca a questão da eficiência dos Estados e do papel que devem representar. Pode-se fa-

FGV de Bolso

lar, para o século XXI, de uma "nação reinventada" (Jean-Claude Nemery, 2001).

2. O papel dos Estados: dominar a mundialização

2.1 O poder público é essencial

Um pessimismo muito "na moda"...

Jean-François Daguzan, ao refletir sobre o novo papel dos Estados na mundialização, considera que eles estão, na aparência, "maltratados", ou seja, enfraquecidos. Será, como alguém já disse, "o fim de um reinado"? De fato, a permeabilidade das fronteiras e as novas condições questionam a própria utilidade dos Estados. Filósofos e economistas repetem, periodicamente, que o Estado não estaria adaptado à mundialização; para alguns, trata-se mesmo de um "dinossauro" em vias de desaparecimento. Reencontramos, sob diversas formas, as ideias de Kenichi Ohmae ou de Francis Fukuyama. A nação é, contudo, uma noção difícil de ser definida: da "nação-empresa" dos mercantilistas à nação-espaço econômico de F. Perroux, a concepção de nação variou muito. Ela não se identifica com o Estado, mas supõe uma comunidade cultural: um determinado espaço geográfico limitado por fronteiras não é, portanto, obrigatoriamente, uma nação. Ao inverso, um povo pode ter o sentimento de ser uma nação sem possuir o desejado território (palestinos).

A coincidência entre Estado e nação supõe uma coerência da população, um sentimento de fazer parte e um "desejo de vida coletiva" de uma população. Os casos da Iugoslávia e da ex-URSS são exemplos deste tipo. A mídia e as emissoras de televisão mundiais veiculam temas e imagens que começam a impor aos Estados uma opinião que não é mais apenas nacional. Para inúmeros observadores, os Estados estariam submissos a atores principais, como as empresas transnacionais ou as ONGs; em outras palavras, dependem do liberalismo econômico mundial. Denis Monière, em compensação, acredita que o Estado "continua a ser um ator imprescindível do sistema internacional" (2006). A respeito, ele cita as observações de Samy Cohen num livro sobre a *Resistência dos Estados* (2003). De fato, "em todas as questões relativas ao fator essencial da soberania nacional — a segurança, o modelo de desenvolvimento econômico, os interesses estratégicos — os Estados continuam a se comportar da maneira clássica". Pode-se daí pensar que, diante das transformações do mundo, o Estado deverá intervir cada vez mais, mas se adaptando e redefinindo suas ações.

O Estado-nação: que poderes tem?

O conceito de Estado-nação supõe uma unidade moral, cultural ou econômica de um país. A noção, criticada por não dizer respeito a todos os países — muitos são divididos por fronteiras artificiais, como na África —, é mais corrente do que se acredita: a Grã-Bretanha, apesar do problema irlandês ou escocês, os Estados Unidos, a França e o Japão têm uma consciência muito grande da identidade nacional. É um problema clássico em geografia: os limites de uma região.

Os investimentos internacionais, muito exigentes, dirigem-se para as zonas favoráveis e os territórios dinâmicos: são os ganhadores da mundialização. Tais polos dominantes seriam, então, nesta hipótese, os verdadeiros deliberadores, porque monopolizam as sedes sociais das ETNs, acumulam riquezas e retêm as melhores atividades. Algum egoísmo preside tal organização, porque a região rica não deveria mais ajudar a região pobre: a Liga Lombarda, na Itália do norte, não quer mais pagar pelo Mezzogiorno; nessa evolução lógica, de acordo com K. Ohmae, as regiões pobres ou ultrapassadas devem se submeter a seu destino ou se adaptar. Seja como for, esta desconfiança em relação ao Estado é acompanhada, em inúmeras regiões, de "convulsões" de nacionalismo. Na Europa, as crises econômicas e sociais somam-se às reivindicações de identidade em Wallonie, Flandres ou no País Basco espanhol. Se o planeta é uma aldeia, "ele possui na verdade cada vez mais paróquias" (S. Tolotti, 1996).

Paradoxalmente, as sociedades que se acreditam ameaçadas pela mundialização afirmam suas diferenças. O exemplo da Escócia mostra essa vontade de afirmar um particularismo. Recoloca-se, assim, uma velha questão: que papel deve representar um Estado? Esse debate, muito clássico, assume uma nova amplidão com a mundialização.

Para os liberais, o Estado deve ser discreto e não desregular, com intervenções desajeitadas, o funcionamento do mercado. Charles Dunoyer, no século XIX, resumiu com humor esta desconfiança em relação ao poder público: "Quando o Estado faz o bem ele o faz malfeito; quando faz o mal, faz benfeito." Desde aquela época, o Estado, na maioria dos países, intervém cada vez mais: necessidades sociais, disposição do território, educação. O Estado é, então, produtor, proprietário e consumidor e por isso mesmo seu papel é essencial.

É nos Estados Unidos que, naturalmente, a crítica do aparelho do Estado é a mais virulenta. Por exemplo, a escola do *public choice* (Virginia), com economistas como James Buchanan (prêmio Nobel 1986), é muito severa em relação aos serviços públicos. O Estado seria um "Robin Hood míope". Para o cidadão, a noção de custo desaparece, pois é o Estado que financia; quanto mais cresce o tamanho de uma empresa pública, mais o consumidor terá uma atitude de *free rider*, ou seja, de "passageiro clandestino". Na França, na região pari-

A Mundialização

siense, a Ratp[4] conta cerca de 300 mil fraudadores por dia... Sem dúvida, tal situação desemboca no peso dos impostos e na questão de saber quem deve pagar.

Uma "ressurreição"

Inúmeros observadores redescobrem a importância do papel do Estado nos diversos campos; retomam-se, depois de um período de esquecimento, as funções que se tornam cada vez mais importantes com a mundialização. Assim, a lógica da empresa é uma lógica do lucro, mas uma nação tem objetivos a longo prazo, dando às empresas um ambiente favorável. O Estado deve cumprir uma missão fundamental no campo da cultura ou da educação.

Philippe Delmas, em 1991, encontrou uma expressão perfeita para traduzir o papel que deve representar o Estado numa estratégia industrial global: ele é, na verdade, o "mestre relojoeiro". O Estado pode antecipar, informar e ajudar as empresas nacionais a conquistar mercados.

A previsão do futuro faz parte das funções do Estado. No Japão, o papel do Miti (Ministry of International Trade and Industry[5]) é, neste ponto, exemplar. Sua ação é tripla: uma função comercial, industrial e, sobretudo, uma missão de pesquisa de novas tecnologias e informação. Este Estado "antecipador" pode ajudar as empresas nacionais: elas possuem uma identidade e uma cultura que estão estreitamente ligadas a seu país de origem. Hoje, os governos, quer se trate dos presidentes americanos ou dos dirigentes chineses, são os caixeiros viajantes de sua nação. Assim, é na "projeção a médio e longo prazos que o Estado deve encontrar sua engenharia" (J-E Daguzan, 1997).

---

[4] Régie Autonome des Transports Parisiens (Rede Autônoma de Transportes Parisienses), empresa responsável pelos transportes públicos em Paris e seus arredores, na França. (Nota do tradutor)
[5] Ministério da Indústria e do Comércio Internacional. (Nota do tradutor)

2.2 Um protagonista da ordem mundial

Poderes de decisão

Não há dúvidas de que as nações constituem uma defesa contra as decisões internacionais e as diversas "autoridades entremeadas" que cruzam o planeta, que, de acordo com Hedley Bull, tem todas as chances de se tornar um mundo descontrolado se o Estado-nação não se mantiver. Com a Guerra Fria, a geopolítica se impunha às nações: hoje em dia, a ausência de risco de guerra entre os grandes deste mundo desloca com frequência as rivalidades para o plano econômico.

Como observava um antigo secretário de Estado da Defesa dos Estados Unidos, "a coisa mais importante que precisaremos fazer será reforçar nossa economia": ela é um elemento primordial do poder, ninguém duvida da influência dos Estados Unidos sobre uma organização como a OMC, e os americanos tentam, sempre que podem, proteger seus interesses. Em 1989, antes do desaparecimento da União Soviética, uma pesquisa da revista *Business Week* revelou a importância das questões de supremacia econômica. À pergunta "Qual é, na sua opinião, a principal ameaça que pesa sobre os Estados Unidos?", 68% dos americanos responderam que era a ameaça econômica do Japão! Mais recentemente, na Rússia, os serviços secretos se voltaram para a espionagem industrial; em 1992, o diretor de um novo serviço de informações russo anunciava com clareza que sua utilidade era fornecer "condições favoráveis para o desenvolvimento da economia e da evolução técnica e científica do país".

Mas o papel do Estado não se limita ao mundo econômico: suas funções são hoje múltiplas, simultaneamente sociais, culturais e geopolíticas. Como escreveu Michel Winock, "a nação permanece como o espaço privilegiado da vida pública, o receptáculo do maior número de valores comuns, hábitos e culturas partilhados, o primeiro palco da solidariedade de envergadura entre os homens" (1996).

Um perigo para o Estado: o "comunitarismo identitário"

A mundialização tende a uniformizar por suas técnicas e suas comunicações, mas as sociedades continuam a se referir a identidades, religiões, nacionalismos. Não se trata de "civilizações", pois nestes casos o problema é mais amplo. Fernand Braudel pensava a respeito que elas podem ter tamanhos "grandes" ou "medíocres", mas "sempre podem ser localizadas num mapa". Entretanto, é no próprio interior das civilizações que se opera o que se escolheu chamar de uma "refeudalização" do mundo. É preciso, antes, evocar um "comunitarismo identitário", que é a existência, sobre um mesmo território, de comunidades voltadas sobre si mesmas e separadas por verdadeiras fronteiras culturais. Em inglês, o sentido é totalmente diferente, pois exprime a ideia de que a comunidade mundial deve, para o bem da coletividade, impor seus princípios aos indivíduos, sejam eles quais forem. Este "comunitarismo étnico ou identitário" é muito diferente. A religião é, por outro lado, um elemento fundamental de separação.

A identidade religiosa, um problema central

Alexandro Adler, numa análise sobre a situação do mundo por volta de 2020, pensa que as pressões provenientes dos grupos religiosos vão aumentar. "No decorrer dos 15 anos que se anunciam, a identidade religiosa se tornará, provavelmente, um fator cada vez mais central na forma que terão os indivíduos de se definir." Os exemplos são inúmeros: cristãos da América Latina, "judeus fundamentalistas em Israel ou muçulmanos radicais" — o ativismo dominará daqui em diante (2005). Assim, o islamismo integrista ultrapassa as fronteiras e seduz cada vez mais. Tais comunidades chocam-se com frequência com o Estado, sobretudo se ele é laico. Assim, na Turquia, estruturada por Mustapha Kemal sobre o modelo republicano, a mobilização foi forte em abril de 2007 contra um primeiro ministro islamita, Erdogan. O próprio chefe do Estado-maior tomou partido contra ele durante a campanha presidencial. Por outro lado, no seio de um mesmo país, grupos religiosos e filiações étnicas complexas se opõem e correntes se enfrentam no interior de uma mesma religião.

A religião, entretanto, é apenas um aspecto do comunitarismo, muitas vezes ligado a um local de vida, ao espaço, ao passado ou às chamadas redescobertas de "tradições", como a submissão das mulheres. A afirmação de uma identidade opera-se obrigatoriamente contra o Estado e contra o próprio princípio democrático: o sagrado se opõe à República e à laicidade.

Os particularismos nacionalistas: um perigo de estouro

Com frequência, as fronteiras artificiais mesclaram culturas diversas. São conhecidos os problemas da antiga Iugoslávia, das divisões da Espanha com a questão basca ou da Índia, que não consegue unir povos tão diferentes que vão dos muçulmanos aos siques. Um exemplo especialmente impressionante é o das minorias numa nação. Assim, a Estônia, país ocupado pelos russos e depois independente em 1991, possui 25% de russófonos. A mudança de lugar de um monumento à memória dos soldados soviéticos da capital provocou motins oriundos da comunidade russófona. A maioria dos estonianos, contudo, não sente saudades da ocupação soviética...

Na verdade, tais identidades não passam de exemplos de forças que podem ameaçar um Estado: elas podem, então, ser internas, próprias de uma região, ou exógenas.

3. O "microespaço": o lugar carismático

3.1 As "conchas" do homem

Sabe-se que todo ser humano vive cercado de "conchas" (A. Moles e E. Rohmer), ou seja, de territórios mais ou menos distantes que formam seu ambiente. A vida de um homem, entretanto, desenrola-se, na maioria das vezes, num "micro-país" que compreende seu hábitat e seu local de trabalho. Este território, esta "bacia de vida", esta comunidade ou este cantão representa um papel fundamental. O "espaço vivido", conforme a famosa expressão de A. Frémont, constitui a principal preocupação de uma família: ser feliz, poder trabalhar, circular, distrair-se, são realidades cotidianas.

A mundialização constitui, então, esta superposição de uma infinidade de sistemas, desde a organização planetária até as pequenas regiões que servem de moldura de vida. Esta imposição externa ressalta os pesos ou os bloqueios de uma sociedade. Todo homem tem, portanto, um "porto seguro", isto é, um território no qual ele pode trabalhar, morar e, se possível, ser feliz. Este sentimento de fazer parte é muito importante; a noção de territorialidade (estudada pelos psicólogos e sociólogos), ou seja, o enraizamento dos indivíduos num determinado espaço, representa um papel essencial na geografia. Vimos também renascer uma antiga noção francesa, o país que é, segundo o art. 9º da Lei de Orientação do Plano de Acomodação, "um quadro geográfico homogêneo, constituído por uma bacia de vida, apresentando solidariedades em termos de emprego e de equipamentos". Na França, por exemplo, um departamento como o Var ($5.972,5$ km², 153 comunas) pode ser dividido em cinco "regiões" com "forte coesão econômica e social" (Comitê Econômico e Social Regional). Esta "região" é também uma "bacia em empregos": o que vai acontecer com este pequeno espaço diante das imposições da mundialização? A criação de uma usina pode transformar de modo brutal (mas positivo) a vida de uma região, mas o fechamento de um local de trabalho desestrutura por completo um microespaço. Foi sob essa lógica que se viram surgir, nos anos 1960, *slogans* que declaravam que era preciso "viver e morrer em sua região".

Com a mundialização, a mobilidade se torna mais importante e é muito difícil viver em sua aldeia ou em seu bairro natal. Nos países em vias de desenvolvimento, tais alterações são muito importantes, e o êxodo rural é frequentemente maciço.

3.2 Do "bairro" à "caverna"

"Esferas culturais" diferenciam os homens: "Um fazendeiro do Texas, um adolescente de Bamako ou um intelectual parisiense podem todos vestir calças jeans, interessar-se pela Copa do Mundo de Futebol e falar inglês. Mas seus centros de interesse e sua orientação cultural divergem por completo em outros planos". De fato, seus hábitos e costumes são totalmente diferentes, e "cada um está mergulhado num cadinho cultural distinto" (Jean-François Dortier, 2007). Não se trata, verdadeiramente, de uma volta sobre si mesmo, mas de uma adaptação a seu ambiente familiar e a seu universo conhecido e explorado: neste caso, não existe qualquer relação com a "identidade" e o isolamento de alguns bairros, trata-se do meio de vida do homem.

Na cidade, por exemplo, o "bairro" é o lugar da espontaneidade e, como na aldeia, do encontro: ele representa o espaço de vida cotidiano. "De fato, o indivíduo se comporta como se fosse mais ou menos senhor e possuidor de uma pequena fração do espaço ambiente que lhe serve de proteção..." (A. A. Moles, 1992). É, portanto, a dominação que explica a vi-

A Mundialização

são do espaço: a relação homem/espaço está ligada à ideia de apropriação e, naturalmente, de enraizamento.

Zigmunt Bauman, sociólogo polonês, observa que os indivíduos estão cada vez mais fechados em "nichos", inventando-se "sucedâneos de comunidades". Alain Finkielkraut, por sua vez, declarou, numa revista canadense, que hoje "chega-se a voltar para a caverna e não há mais critérios universais para separar o joio do trigo". A esse respeito, ele constata a persistência de barbáries pretensamente culturais como a excisão, a poligamia, a recusa de filhas mulheres na Ásia e outras discriminações. Sabe-se que na França, por exemplo, está muito na moda falar em "identidade", mesmo que ela vá de encontro aos direitos humanos. Como estudaram os psicólogos do espaço, o conceito de territorialidade se reforça e verdadeiras "demarcações" de espaço se instalam, por exemplo, em alguns subúrbios. O grau de abertura ao "intruso" torna-se muito fraco e falar de nações, para alguns, parece um atentado à sociedade "multicultural".

Conclusão
Do desespero à esperança

"Eles temem o que eles inventaram"
Lucano, *A Farsala*, 1, 486.

O medo suscitado pela mundialização é provocado, principalmente, pela aceleração das mudanças e pela incompreensão da maioria dos habitantes do planeta diante desta crescente complexidade. Os próprios especialistas multiplicam as definições e as explicações, muitas vezes contraditórias. Esquece-se que essa mundialização é compreendida de diferentes formas. Um chinês, camponês do Yunan, um americano de Dallas e um ferroviário francês em Paris não veem os problemas da mesma maneira. Jacques Alda considera uma "abolição do espaço mundial, sob o domínio do capitalismo, com o desmantelamento das fronteiras físicas", enquanto na realidade a diversidade é crescente, mascarada por técnicas uniformes.

Peter Gould e Rodney White, em sua incomparável obra a respeito dos "mapas mentais", mostraram, com clareza, que nos Estados Unidos as visões dos estudantes de diversas regiões (Califórnia, Minnesota, Pensilvânia etc.) a respeito de seu próprio país são contraditórias. "Em resumo, a informação que recolhemos em relação a nosso ambiente próximo, nosso país e o mundo não é uniforme e objetiva" e, "no que se refere à localização dos lugares (...), é tão ruim que poderia pôr em dúvida tudo o que dissemos a respeito das preferências geográficas (...)".

O altermundialismo: ideologias variadas

Na origem, o termo "antimundialização" foi empregado antes que se preferisse *alter* para exprimir a possibilidade de outra mundialização. Os movimentos altermundialistas se multiplicaram a partir da década de 1990.

A expressão "organização não governamental" teve sua origem em 1946, no vocabulário da Carta das Nações Unidas, mas os movimentos se espalharam nos anos 1980, no combate às dívidas dos países do Sul. Trata-se de associações beneficentes e internacionais que, diversamente dos *lobbies*, não trabalham com discrição... Desde a Conferência do Rio, em 1992, até Seattle, as ONGs assumiram grande importância internacional. O ponto comum dessas inúmeras associações é muitas vezes a hostilidade à economia neoliberal, confundindo, como de hábito, "capitalismo" e "liberalismo".

O Fórum Social de Porto Alegre (31 de janeiro a 5 de fevereiro de 2002) reuniu cerca de 900 associações (sobretudo latino-americanas e europeias). A luta contra o liberalismo econômico (uma determinada concepção), a corrupção, a lavagem de dinheiro e a dívida do Sul constituíram alguns temas de discussão. Duas atitudes se opuseram: a primeira, revolucionária e violenta; a segunda, reformadora. Entretanto, os movimentos representados eram tão variados quanto contraditórios: assim, os movimentos radicais violentos (Black Bloc) não têm os mesmos métodos que os movimentos a favor da anulação da dívida do Terceiro Mundo.

A Mundialização

A Ação pela Tributação das Transações Financeiras em Apoio ao Cidadão (Attac) ficou famosa. Na origem, este movimento defendia a célebre Taxa Tobin, que leva o nome de seu criador, prêmio Nobel de Economia em 1981. (Trata-se de uma taxa sobre os câmbios monetários.) O programa é hoje mais amplo: "Taxar as transações financeiras para ajudar os cidadãos." Ainda que os movimentos sejam muito díspares, a mesma ideia está sempre presente: o direito internacional não deve ser imposto pelo direito comercial. As críticas são, assim, sistemáticas em relação ao FMI, à OMC, ao mercado mundial, à OCDE, ao G8, ao Banco Mundial. As categorias sociais que participam desses movimentos são igualmente heteróclitas, indo de pequenos burgueses a associações de consumidores, de cidadanias diversas a intelectuais dos países ricos e a educadores. Podem-se distinguir algumas tendências bem fortes:

- os comunistas, os marxistas e os antiliberais que acusam o sistema econômico capitalista de criar as desigualdades e defendem um proletariado universal. Entretanto, nem todas as tendências desses movimentos são as mesmas e os desacordos subsistem;
- os nacionalistas, que querem defender os interesses dos cidadãos de um país. Trata-se de defender o interesse da nação no terreno econômico, por exemplo. O problema dos consumidores que utilizam alimentos vindos do outro lado do mundo já foi mencionado com todas as suas consequências sobre o meio ambiente e a agricultura local. Na verdade, "comer como cidadão" exige o respeito às estações e o emprego de produtos regionais;
- os pacifistas, que militam pelo fim da corrida aos armamentos ou a interrupção da proliferação das armas

nucleares. Entretanto, as guerras existiam antes da mundialização. O problema gerado pela oportunidade que têm os terroristas ou alguns Estados em crise de adquirir armas modernas constitui-se num perigo real; existem ainda outros movimentos, como os reformistas ou os libertários e os reformadores moderados e, sobretudo, os ecologistas que veem na corrida à produção uma fonte de inquietação.

- o maior argumento dos altermundialistas é a distância entre países ricos e pobres, que seria ampliada pelo sistema neoliberal. Esta afirmação é contestada pelos economistas, pois o subdesenvolvimento tem causas bem complexas, e o crescimento demográfico e os conflitos diversos são muitas vezes determinantes. Por outro lado, para um economista hindu, a altermundialização seria provocada pela queda do comunismo, que se opunha ao capitalismo: os movimentos retomariam, assim, o combate (Jagdish Bhagwati). Mas o problema mais delicado é o desenvolvimento dos países do Sul.

A persistência das desigualdades

A questão das consequências da mundialização sobre os países do Sul deve hoje ocupar o primeiro lugar. Entretanto, os "Terceiros Mundos" são, há muito tempo, muito variados — desde os países petrolíferos ricos "mas não desenvolvidos", a África negra "à deriva" ou a China, que conhece um "sucesso". Os países que são chamados "do Sul" foram amplamente "uniformizados" pelas colonizações europeias, mas, a partir do século XX, as distâncias econômicas e culturais se ampliaram. Os grandes organismos internacionais não falam mais de "desenvolvimento" e sim da persistência da pobreza.

A pobreza maior recuou: entre 1999 e 2004, 135 milhões de pessoas saíram desse inferno.

Sylvie Brunet (2007) observa com acerto que "a mundialização não pode ser considerada a única responsável pelo crescimento de uns e pela pobreza de outros". As ONGs, de fato, se esquecem com frequência das responsabilidades internas, como as ditaduras ou as lutas inter-raciais. Deve-se explicar a pobreza da Palestina ou do Afeganistão através da mundialização? Seja como for, os países em vias de desenvolvimento (PVDs) conhecem, em média, com exceção da África negra ou de alguns países da Ásia, um crescimento importante. A parte das riquezas dos PVDs na economia global deveria aumentar progressivamente. Os países ricos importam cada vez mais produtos dessas nações emergentes (15% em 1970 e, provavelmente, 65% em 2030). O problema é, então, desenvolver mais, como nas nações europeias ou americanas, todas as regiões, evitando o empobrecimento de algumas "periferias"; mais uma vez, a questão é local.

O crescimento econômico é um meio obrigatório, mas deve ser acompanhado por um desenvolvimento humano. A tecnologia não resolve os problemas de educação, de direitos da mulher, de igualdade. A divisão Norte-Sul não terá mais, no horizonte de 2020, grande significado, mas o perigo está na multiplicação dos conflitos. É provável, por exemplo, que aumentem as cisões entre países religiosos. Sem dúvida, a persistência das desigualdades constitui o principal perigo; assim, nos 15 anos futuros, a Unesco prevê um índice de analfabetismo maior entre as mulheres do que entre os homens, sem contar uma mortalidade também maior. Não se preveem melhoras na Índia ou na China quanto à situação das mulheres; elas continuam sendo menos desejadas do que os filhos homens! São também as mulheres as mais infectadas pelo vírus da Aids: a causa é o comportamento dos homens. A mundialização tem apenas uma relação distante com estes fatores culturais de desigualdade.

Segundo o Banco Mundial, o papel das mulheres é essencial. Na verdade, dois obstáculos principais impedem o desenvolvimento: por um lado, esta "desigualdade dos sexos" e, por outro, a persistência, no mundo, de "Estados frágeis", isto é, de países mal-administrados que provocam crises e conflitos. Além disso, não aumenta a ajuda pública ao desenvolvimento; é preciso se lembrar que os Estados Unidos só contribuem com 0,17% de seu PIB (a Suécia, com 1,03%!).

A Ásia: "a função de pilotagem da mudança mundial"

A Ásia conhece hoje um crescimento que se parece com o do Japão nos anos 1950-1970. Trata-se, portanto, de uma expansão rápida: caso se prolongue por uma dezena de anos, as estruturas do país se transformam e o processo de "decolagem*" deslancha. Desde 1994, seu crescimento nunca chegou a menos de 7%. Pelo aumento de suas necessidades em bens de produção e matérias-primas, ela estimula as exportações dos países da Ásia do Leste, principalmente. Para alguns, não existem "modelos específicos asiáticos", mas não é possível compreender este crescimento sem recorrer a uma explicação fundamental: a (ou as) civilização(ões). A despeito da diversidade asiática, uma série de pontos em comum explica os sucessos atuais: antiguidade das culturas, populações numerosas, papel incontestável das religiões, consenso moral das populações, lugar capital do trabalho, papel primordial da educação.

Desde o século XIX, o Japão possui um considerável sistema de ensino. Hoje, nos Estados ainda pobres, como as Filipinas, o índice de alfabetização chega a 90%. Por outro

A Mundialização

lado, trata-se muitas vezes de governos "fortes" (ditaduras também...) que orientaram a evolução econômica. O intervencionismo é um fator de sucesso, pois a centralização ligada à planificação favoreceu a abertura e as exportações. Este papel do Estado contribuiu para o famoso "milagre" japonês; o mesmo acontece na Coreia do Sul ou em Cingapura.

O nacionalismo muito intenso sustentou também os esforços dos governos: Mahalkir Ben Mohamad resumiu sua posição na cúpula da Apec: "A Ásia que pode dizer não" — ao Ocidente, é claro! W. W. Rostow observava, já em 1960, que o "nacionalismo (...) foi um dos motores mais poderosos da transição entre a sociedade tradicional e a sociedade moderna". Tais fatores de sucesso somam-se a uma abertura crescente das economias, sobretudo depois da queda da URSS e das transformações chinesas. Passou-se, então, de economias primárias para economias especializadas, dando um "salto qualitativo", de uma indústria de mão de obra a tecnologias mais sofisticadas. Nas Filipinas, os circuitos integrados e os microprocessadores totalizam 50% das exportações. De acordo com os especialistas mundiais, escreve Alexandre Adler, "a Ásia será o continente emblemático da maioria das tendências pesadas", suscetível de moldar o mundo com uma rivalidade entre os dois "gigantes" que são a China e a Índia. De fato, os países asiáticos já concentram hoje 60% da população mundial. A China conta com cerca de 1,4 bilhão de habitantes e a Índia, com 1,1 bilhão.

Falar da mundialização é, portanto, reconhecer igualmente o peso das diferentes regiões no século XXI. Em 2020, avalia-se em aproximadamente 7,8 bilhões o número de habitantes na superfície do globo e, nessa época, a Ásia representará 56%! Por outro lado, se examinarmos os índices de crescimento econômico desde 1973, os resultados são chocantes: a

Ásia registra números impressionantes. O crescimento médio do PIB é idêntico ao da Europa durante os "Trinta Gloriosos". A renda por habitante da Ásia do Leste, por exemplo, multiplicou-se por cinco desde 1960.

Tornar o desenvolvimento sustentável: como?

Muitas vezes criticado, o conceito de desenvolvimento sustentável é um objetivo primordial. A incerteza domina, numa "sociedade de risco" (expressão de Ulrich Beck). A mundialização, ao acentuar a polarização dos homens sobre algumas regiões, aumenta as desigualdades socioespaciais e aumenta as pressões sobre o meio ambiente: na França, 94% dos cursos d'água estão poluídos. A mundialização tornou-se, portanto, sinônimo de urbanização. G. Cavalier, em Istambul, afirmara que esse desenvolvimento sustentável deveria partir do local: o que não é o caso. É difícil saber quais serão, no final do século XXI, as relações homem/meio ambiente. Uma certeza: a interdependência dos fatores econômicos, sociais e culturais. Para N. Georgescu-Roegen, o crescimento atual é insustentável. O desenvolvimento sustentável supõe um enfoque pluridisciplinar: uma "ecossocioeconomia", como diria Ignacy Sachs, pois o crescimento econômico tem um custo social e ecológico que se quer ignorar. Para resolver os diferentes problemas, três teses se enfrentam:

- a antiga solução, herdada dos anos 1960, retoma o *slogan* "Chega de crescimento". Em outras palavras, reduzem-se as necessidades e entra-se numa era pós-capitalista;
- a posição inversa ("Viva o crescimento") parte do princípio de que o crescimento não é um fim em si mesmo. Ele é, contudo, uma "condição necessária da vida, do

A Mundialização

equilíbrio e da paz das nações. Com taxa de crescimento inferior a 10% ao ano no Terceiro Mundo (...),
é a espiral da miséria que se desenrola (...)" (Edouard
Parker, 1993);

■ a oposição entre a proteção do meio ambiente e da es-
fera comercial coloca a ecologia em primeiro plano. Entretanto, como conciliar esta preservação e a melhoria
das condições de vida?

Com certeza, o erro frequentemente cometido foi acreditar
que a evolução da mundialização continuaria como no passado, enquanto se vive, no século XXI, uma ruptura. É pouco
lembrado que o principal problema da mundialização técnica
é mergulhar o homem do século XXI num universo metafóri-
co e construído.

As sociedades desejam hoje viver em ambientes fabricados com uma "natureza" artificial. A questão mais importante, contudo, é encontrar soluções para o problema das
desigualdades sociais e a oposição entre os excluídos e os
"vencedores". Não se pode esquecer que, mesmo nos países
ditos "ricos", existem populações muito pobres: nos Estados
Unidos, mais de 35 milhões de pessoas vivem abaixo do nível
de pobreza e 17% das crianças e adolescentes desta grande
nação pertencem a este grupo de desprovidos. É preciso continuar a responder à pergunta feita há alguns anos, em 1983,
à presidenta da Comissão Mundial para o Meio Ambiente e
o Desenvolvimento, Gro Harlem Brundtland: como ter crescimento e diminuir as desigualdades e a pobreza e sem dete-
riorar o meio ambiente para as gerações futuras? Uma frase
desta médica que sempre ocupou as mais altas funções internacionais pode resumir todo o problema da mundialização:
"Uma população com boa saúde e educada é o maior recurso
que possui um país."

Glossário

Capital: termo importante em economia que designa, quando utilizado de modo geral, o conjunto dos bens de produção e os produtos brutos ou pouco transformados que constituem, em determinado momento, um estoque. O capital pode, no entanto, assumir diversas formas: financeiro, nominal (aporte acionário), jurídico ou técnico (conjunto de meios materiais da empresa).

Capitalismo: sistema econômico (e social) fundamentado sobre a liberdade da empresa, da propriedade privada e da livre circulação dos capitais privados investidos nos setores de atividades e nas zonas geográficas consideradas mais rentáveis. Não confundir com "liberalismo", pois não se trata de um sinônimo.

Centro: designa para alguns autores as economias industrializadas (Europa, América do Norte e Japão) em oposição a uma "periferia" que seria o Terceiro Mundo. Para S. Amin, por exemplo, esta dupla centro-periferia constitui o sistema mundial.

Comunitarismo identitário: num mesmo território, grupos étnicos levam vidas separadas por verdadeiras "fronteiras" culturais.

Conglomerado: grupamento de empresas de naturezas muito diferentes, mesclando atividades variadas. Por exemplo, agroalimentação e metalurgia. O processo, muito utilizado nos anos 1960/1970, vem sendo substituído, hoje em dia, por fusões de empresas especializadas no mesmo setor.

Competitividade: potencial de recursos que permite a uma empresa enfrentar a concorrência com sucesso. Baseia-se em três vantagens: inovação, qualidade e flexibilidade.

Convergência: "tendência dos países pobres a crescer mais depressa do que os ricos e a alcançar seu nível de receita" (Lant Pritchett, 1996). A convergência é um objetivo desejável, mas de difícil alcance.

Crescimento: em economia, esta palavra é empregada para designar o crescimento do PIB (produto interno bruto) ou do PNB (produto nacional bruto) no longo prazo. Trata-se, portanto, de um processo de acúmulo de capital, produções e riquezas. O estudo do fenômeno é objeto de inúmeros debates entre economistas. O crescimento não é regular e, após os "Trinta Gloriosos", a Europa precisou enfrentar os "Vinte Dolorosos".

Ciclo de vida: um produto possui um ciclo de vida. Ele atravessa, com efeito, diversas fases: o lançamento, a maturidade e o declínio. A tecnologia, assim como o produto, conhece também três etapas: os ajustes, a fabricação (industrialização), a maturidade.

Decolagem (movimentação ou *take off*): o termo, tornado célebre por W. W. Rostow, que define a etapa de desenvolvimento durante a qual um país pré-industrial entra numa fase de crescimento contínuo, que transforma totalmente sua economia e a sua sociedade (duração: cerca de 20 anos).

Deslocalização: em seu sentido mais simples, o termo indica a modificação da localização, parcial ou total, da atividade econômica

A Mundialização

de uma empresa. Trata-se, portanto, de um investimento direto no exterior (IDE). No entanto, a palavra é quase sempre empregada de maneira abusiva, num sentido mais amplo. Uma empresa pode controlar todo o capital – ou apenas uma parte – da produção realizada no exterior.

Desenvolvimento: o desenvolvimento compreende o conjunto de modificações econômicas, técnicas, sociais e culturais. A evolução deve ser positiva e levar a uma melhora absoluta da qualidade de vida.

Economia-mundo: expressão usada no singular por Wallenstein para definir a unidade de uma economia mundial desigual. Com F. Braudel, o termo não é utilizado no singular porque, para cada época, há um sistema ou uma cidade-Estado dominante. Tais economias-mundo são, assim, "centros" que exploram periferias. Existiram, a princípio, cidades-Estado ricas, como Veneza, Gênova, Amsterdã ou Paris.

Espaço vivido: expressão utilizada por Jean Gallais, retomada por A. Fremont, para definir os lugares frequentados por uma pessoa ou um grupo social. Os valores psicológicos se prendem, na verdade, ao espaço e às regiões; um sentimento muito forte de identificação une os homens e o seu "espaço vivido".

Estado-nação: o Estado é um conceito jurídico que define o espaço onde se exerce a força de um governo. Uma nação é uma comunidade cultural, étnica ou social que pode não coincidir com o Estado. O Estado-nação, como a França, é um caso relativamente raro. Na maioria das vezes, as fronteiras, artificiais, não coincidem com o desejado pelos povos (como, por exemplo, na África).

Externalização: produção – ou consumo – que gera um efeito não previsto. Por exemplo, uma fábrica pode provocar um processo de externalização no meio ambiente: poluição, dejetos etc. Tais efeitos externos podem também ser positivos.

Estrutura: para um determinado território, trata-se do conjunto das relações duráveis. As interações entre os elementos (econômicos, por exemplo) só mudam lentamente a longo prazo, salvo se acontecer uma crise, ou seja, uma ruptura brutal e prolongada; se assim for, a estrutura pode ser reconsiderada.

Investimento: conjunto de recursos utilizados para aumentar o capital de uma empresa (o termo vem do inglês *investment*). Os investimentos podem ser materiais, abstratos (de natureza intelectual, inovação) ou financeiros.

Liberalismo econômico: corrente de pensamento que se baseia no conceito de liberdade e no apego a determinado número de valores como individualismo, baixa intervenção estatal, livre concorrência. Não confundir liberalismo político com liberalismo econômico. Trata-se, em ambos os casos, de valores morais éticos, pois a liberdade deve ser regida por instituições sólidas e justas.

Periferia: termo empregado pelos economistas e retomado pelos geógrafos para designar espaços dominados por centros e que são, em geral, menos dinâmicos. Existem diferentes tipos de periferias, desde espaços abandonados até regiões "integradas".

Produtividade: relação entre o valor de uma produção e a soma dos fatores necessários à sua elaboração, p (produtividade) = P (produção) / f (fatores).

Produto interno bruto (PIB): ele adiciona e mede as riquezas produzidas por um Estado durante um ano (valores agregados). É calculado pela soma do PIB comercial, dos serviços e do PIB não comercial, cujo custo é difícil de avaliar (saúde, administração). A

A Mundialização

comparação, de um ano para outro, mede a taxa de crescimento. O método das paridades de poder de compra (PPC) permite comparações mais justas entre países, pois utiliza os valores dos preços internos e as taxas de câmbio.

Produto nacional bruto (PNB): totaliza o PIB e as receitas líquidas recebidas do exterior (trabalhadores no exterior etc.).

Bibliografia

ADLER, A. *Comment sera le monde en 2020?* Coll. Pocket, Paris: Robert Laffont, 2005.

BADIE, B.; DIDIOT, B. *L'État du monde.* Paris: La Découverte, 2006.

BERGER, S. *Notre première mondialisation, leçon d'un échec oublié.* Paris: Seuil, 2003.

BRAUDEL, F. *La dynamique du capitalisme.* Paris: Flammarion, 2005.

BURGUL, G. *Du Tiers-Monde aux Tiers-Mondes.* Paris: Dunod, 2000.

CARAYON, B. *Patriotisme économique. De la guerre à la paix économique.* Paris: Rocher, 2006.

CARROUÊ, L, *La mondialisation.* Cned- Sedes, 2006.

DAUPHINÉ, A. *Les théories de la complexité chez les géographes.* Paris: Economica, Anthropos, 2003.

DOLLFUS, O. *La mondialisation.* Paris: Presses de Sciences Po, 1997.

EL-MOUHOUB, M. *Mondialisation et délocalisation des entreprises.* Paris: La Découverte, 2006.

GAMBLIN, A. *Images économiques du monde*. Paris: Géo. Armand Colin, 2007.

GAY, J. C. *Les discontinuités spatiales*. Paris: Economica, 1995.

GOULD, P.; WHITE, R. *Mental maps*. Penguin Books, 1974.

HULOT, N. *Le syndrome du Titanic*. Paris: Calmann-Lévy, 2004.

LOROT, P. *Où en est la Géoéconomie?* Paris: Géoéconomie, 2002.

LOZATO GIOTART, J. P. *Management du tourisme*. France: Pearson, 2004.

MATTELARD, A. *Diversité culturelle et mondialisation*. Paris: La Découverte, 2005

MAZEROLLE, E. *Les firmes multinationales*. Paris: Vuibert, 2006.

NONJON, A. *La mondialisation*. Paris: Sedes, 1999.

NORBERG, J. *Plaidoyer pour la mondialisation capitaliste*. Paris: l'Ion, 2003.

PAULET, J.-P. *L'Asie, nouveau centre du monde*. Paris: Ellipses, 2005a.

_____. *Géographie urbaine*. Paris: Armand Colin, 2005b.

PAULET, J.-R. *Le développement durable*. Paris: Ellipses, 2004.

PONNIAH, T.; FISCHER, W. *Un autre monde est possible*. Lyon: Parangon, 2003.

WACKERMAN, G. *La mondialisation*. Paris: Ellipses, 2006.